高山正也　植松貞夫　監修
新・図書館学シリーズ ③

改訂
図書館サービス論

〈編集〉高山　正也
池内　淳　　斎藤　泰則
阪田　蓉子　宮部　頼子
共　著

樹村房
JUSONBO

監修者の言葉

　1950年に成立した現「図書館法」により，わが国の図書館員の養成が本格的に大学レベルで実施され始めて以来，この約半世紀の間に，図書館をとりまくわが国の社会環境も，図書館も大きく変貌した。館数，施設，蔵書構成など，わが国の図書館環境の整備は世界に誇れる大きな成果ではあるが，図書館サービスそれ自体の水準は日本社会の歴史的，社会的な通念を始め，多くの要因のために，未だ世界の第一級の水準とは言い難い面もある。しかし情報社会の到来を目前に控え，新しい時代の情報専門職にふさわしい，有能で，社会的にリーダーシップのとれる図書館員の養成は社会的急務である。

　わが国の図書館職員，特に公共図書館職員の養成の主流となってきたのは，「図書館法」で定められた司書資格取得のための司書講習の規定であった。この司書講習や講習科目に基づく司書課程を開講し，図書館職員の養成にかかわる大学数も，受講する学生数もこの約半世紀の間に激増した。このような状況の下で，司書養成の内容の改善も両三度図られた。教育の改善は，教育内容と教育時間の両面での充実が考えられるが，今回（1996年）の改訂では，実質的な図書館学の教育時間の増大は図られなかったに等しい。このため教育科目の再構成と各科目内容の充実をもって，司書養成の充実を図ることになった。ここに「図書館法施行規則」の改正による教育科目の再構成が行われたが，一方，各科目の内容の充実は開講校と科目担当者に委ねられることとなった。

　このために図書館学の新教育科目群に対応し，科目担当者の努力を助け，補完し，併せて受講者の理解を深め，学習効果を高めるために，充実した各科目専用のテキスト・教材の整備が，従来に増して，必要不可欠になった。

　わが樹村房の「図書館学シリーズ」は昭和56年の刊行以来，わが国の司書養成のための図書館学のテキストとして，抜群の好評を博し，版を重ねた実績をもつ。そこで今回の司書養成の新教育体制への移行に際し，省令の新科目群に対応した「新・図書館学シリーズ」を刊行することとした。

「新・図書館学シリーズ」の刊行にあたっては，基本的に旧「図書館学シリーズ」の基本方針を踏襲した。すなわち，「図書館学は実学である」との理念の下にアカデミズムのもつ観念的内容とプロフェッショナリズムのもつ実証的技術論を統合し，さらに網羅すべき内容を大学教育での時間の枠に納める調整も行った。また養成される司書には，高学歴化，情報化した社会における知的指導者として，幅広い一般教養，語学力，さらに特定分野の主題専門知識も期待されている。本シリーズでは，この困難な要求に応えるべく，単独著者による執筆ではなく，教育と実務の両面について知識と経験を有する複数の著者グループによる討議を通じて執筆するという旧シリーズの方針を踏襲することとした。

　幸いにして，この方針は出版者 木村繁氏の了承されるところとなり，旧「図書館学シリーズ」の編集・執筆に携わった人々の経験と旧シリーズの伝統に加え，さらに新設科目や，内容の更新や高度化に対応すべく，斯界の中堅，気鋭の新人の参加をも得て，最新の情報・知識・理論を盛り込み，ここに「新・図書館学シリーズ」第一期分，12冊を刊行することとなった。

　本シリーズにおけるわれわれの目標は，決して新奇な理論書に偏さず，科目担当者と受講者の将来の図書館への理想と情熱を具体化するため，正統な理論的知識と未知の状況への対応能力を養成するための知的基盤を修得する教材となることにある。本シリーズにより，来るべき時代や社会環境の中での求められる図書館職員の養成に役立つテキストブックが実現できたと自負している。また，併せて，本シリーズは，学生諸君のみならず，図書館職員としての現職の方々にもその職務に関する専門書として役立つことを確信している。読者各位の建設的なご意見やご支援を心からお願い申しあげます。

1997年7月

監修者　高山　正也
植松　貞夫

改訂版への序文

　本書は,「新・図書館学シリーズ」第3巻として平成11(1999)年10月に刊行した『図書館サービス論』の全面的な改訂版である。
　本書は刊行以来,幸いにして多くの図書館学開講大学の標準テキストとして採用されてきた。また,図書館学の学徒や研究者並びに実務者の参考書や研修資料等にも利用されるだけでなく,図書館学の各種試験の受験参考書としても利用され,概ね好評を博してきたことは関係者にとって大きな喜びである。
　しかし,刊行後既に5年以上を経過し,この間に図書館サービスの環境は大きく変化した。すなわち,図書館の機械化・電子化,電子出版の進展,インターネット利用の急速な進展等,図書館の環境の変化は必然的に図書館の構造も変化させるばかりでなく,高度成長による拡大基調の社会から,安定・成熟社会への移行に伴い,国や自治体の財政状況の変化,公的サービスに対する納税者の意識の変革,行政の対応の変化等は,図書館業務の外部委託の拡大,コンソーシアムの活用による経営資源の効率的な運用,PFIや指定管理者制度の導入による図書館経営方式の多様化など,図書館サービスの基盤に直結する変化が着実に進行しつつある。そして,このような動きは当然のこととして,図書館サービスを変化させ,古くなった図書館活動を新たな図書館サービスで置き換えてゆく。このような事態に対応するためには,新しい時代の「図書館サービス論」が求められる事態を招来したことは言うまでもない。
　そこで,この『改訂図書館サービス論』では,編者・著者を一変させ,全く新たな執筆陣を構成し,新しい図書館環境にふさわしい図書館サービス論を展開することとした。幸いにも,わが国図書館学界における研究・教育両面でのリーダー,中堅,若手を組み合わせた現時点での最高の執筆陣を構成することができ,その狙いはほぼ達せられたと考えている。しかし,内容構成では旧版での基準となった,省令科目としての「ねらいと内容」に準じた構成は基本的に踏襲しつつ,その記述内容を新しい環境に則したものとすることを心がけた。特に,最新の情報技術,デジタル技術の図書館への浸透により,従来の図書館サービスの大前提であった,来館による閲覧・貸出サービスを主体とする図書

館サービスからの変化を中心に，第8章にみられるように，図書館サービスの再構築の視点に配慮して，内容をまとめている。

　本改訂版の刊行により，図書館サービスについての類書の中では最高・最新の知見を集約した教科書が刊行できたと考えているが，なお，一層の内容の充実を図るためには読者各位からのご意見やご感想をいただき，不断に内容の改善や充実を図りたいと考えているので，一層のご協力の程をお願い申し上げます。

　最後に，多忙な執筆者の予定を調整し，原稿を取りまとめ，本書の完成に献身的，超人的な努力を注力された㈱樹村房の皆さま，特に木村繁社長と安田愛さんにはこの場を借りて執筆者一同から深甚の謝意を表したい。

2005年3月

編者　高山　正也

序　文
（初版の序）

　1968年に司書講習科目となった「図書館活動」が，96年の省令改正によって「図書館サービス論」となった。その背景には，情報化が進み生涯学習社会に向かうこの時期に，図書館サービスの根幹が利用者への奉仕にあり，その多様な要求に的確に応えられるものであることへの期待がある。図書館の利用者に資料・情報との確かな出会いを保障し，利用者の喜びを図書館員の至福と感じることのできる司書が養成され輩出することを望みたい。

　本書の枠組みは，本シリーズ監修者の故前島重方先生が編集責任を担当された『改訂図書館活動』を継承し，科目改正に示された「図書館サービス論」の"ねらいと内容"に沿うものをめざした。記述に当たっては，公共図書館のサービスに重点をおいたが，「館種別図書館サービス」の一章を設けたほか，他の各章でも，各館種にふれるように配慮した。

　執筆は，第1章を金中，第2章を天野，第3章，第8章を斎藤（泰），第4章，第5章を須永，第6章，第7章を斎藤（陽）がそれぞれ分担した。なお，監修者の高山正也先生には，とくに今後の図書館サービスの姿を展望した第1章第5節の執筆をお願いし，第1章を補筆・補完していただいた。記して謝意を表したい。

　編集責任者としての力量不足から，全体の調整が不十分なままの刊行となったが，本書に対して忌憚のないご意見をいただき，今後，内容を充実していきたいと念じている。

　ご指導とご助言をいただいた監修者の高山正也先生，そしてわれわれ執筆者を常に励まして下さった樹村房　木村繁社長に厚くお礼申し上げる次第である。

　最後に，本シリーズの刊行半ばに急逝された，前島重方先生のご冥福をお祈り申し上げます。

1999年8月

執筆者代表　金中利和

「図書館サービス論」もくじ

監修者（シリーズ）の言葉……………………………………………………ⅰ
改訂版への序文…………………………………………………………………ⅲ
序　文……………………………………………………………………………ⅴ

第1章　図書館サービスの意義と理念………………（宮部）…1

1．図書館サービスの意義と目的……………………………………………1
　(1)　公共図書館の意義………………………………………………………1
　(2)　図書館サービスを支える理念…………………………………………3
　　　　a．ユネスコ公共図書館宣言………………………………………5
　　　　b．図書館の権利宣言………………………………………………5
　　　　c．図書館の自由に関する宣言……………………………………6
　　　　d．図書館員の倫理綱領……………………………………………7
　　　　e．公立図書館の設置及び運営上の望ましい基準………………8
2．図書館サービスの要素……………………………………………………9
　　　　a．図書館資料………………………………………………………10
　　　　b．図書館施設・設備………………………………………………10
　　　　c．図書館職員………………………………………………………11
　　　　d．図書館利用者……………………………………………………12
3．図書館サービスの諸相……………………………………………………12
　(1)　図書館の機能……………………………………………………………12
　　　　a．収集………………………………………………………………13
　　　　b．組織化（整理）…………………………………………………13
　　　　c．保存………………………………………………………………14
　　　　d．提供………………………………………………………………15
　(2)　書誌コントロールの概念とアクセシビリティ，アベイラビリ
　　　ティ……………………………………………………………………15
4．図書館サービスの種類……………………………………………………17

もくじ　　　　　　　　　　　　vii

　　(1) テクニカルサービスとパブリックサービス……………17
　　(2) 利用対象別の図書館サービス………………………18
　　　　a．年齢別サービス………………………………18
　　　　b．障害者サービス………………………………18
　　　　c．その他の特定利用者向けサービス……………19
　　(3) 形態別の図書館サービス……………………………19
　　　　a．資料提供サービス……………………………19
　　　　b．情報提供サービス……………………………19
　　　　c．その他…………………………………………20
　　(4) 館種別の図書館サービス……………………………20
　　　　a．国立図書館……………………………………20
　　　　b．公共図書館……………………………………21
　　　　c．学校図書館……………………………………21
　　　　d．大学図書館……………………………………22
　　　　e．専門図書館……………………………………22
　　　　f．その他の図書館………………………………23
　5．変化する図書館サービス…………………………………23

第2章　図書館サービスの種類と方法………………………（斎藤）……25

　1．図書館サービスの類型と概要……………………………25
　　(1) 資料提供サービスの概要……………………………25
　　(2) 情報サービスの概要…………………………………26
　　(3) 集会・行事，広報活動の概要………………………28
　2．閲覧・貸出し………………………………………………28
　　(1) 閲覧……………………………………………………28
　　(2) 貸出し…………………………………………………31
　　　　a．意義……………………………………………31
　　　　b．方法……………………………………………34
　　　　c．ブックモビル等，遠隔地へのサービス………35
　　　　d．団体貸出し……………………………………36

　　　　　　e．業務統計の重視と貸出記録の保護業務……………36
　　　(3) 予約リクエストサービス………………………………37
　　　(4) 複写サービス…………………………………………38
　3．情報サービス……………………………………………………42
　　　(1) レファレンスサービス…………………………………42
　　　(2) 利用教育…………………………………………………44
　　　(3) カレントアウェアネスサービス………………………44
　　　(4) 遡及検索サービス………………………………………45
　　　(5) 読書相談…………………………………………………45
　　　(6) その他の情報サービス…………………………………46
　4．集会・行事，広報活動………………………………………46
　　　(1) 集会・行事活動…………………………………………46
　　　(2) 広報活動…………………………………………………47

第3章　公共図書館におけるサービスの構造……………（宮部）……48

　1．公共図書館の協力・ネットワーク…………………………48
　　　(1) 市区町村立図書館と都道府県立図書館の関係：第一線図書館
　　　　　と第二線図書館…………………………………………48
　　　(2) 都道府県立図書館と市町村立図書館の協力…………49
　　　(3) 地域ネットワーク………………………………………50
　　　(4) 全国的ネットワーク……………………………………51
　　　(5) 図書館コンソーシアム…………………………………52
　　　(6) 書誌ユーティリティ……………………………………53
　2．館種を超えた図書館協力・ネットワーク…………………53
　　　(1) 学校図書館との連携・協力……………………………54
　　　(2) 大学図書館等との連携・協力…………………………55
　3．公共図書館サービスを支える構造…………………………56
　　　(1) 図書館の機能（収集・整理・保存・提供）の有機的関連・
　　　　　充実…………………………………………………………56
　　　　　a．資料収集………………………………………………56

　　　　　b．資料の組織化⋯⋯⋯⋯⋯⋯⋯⋯⋯⋯⋯⋯⋯⋯⋯⋯57
　　　　　c．資料保存⋯⋯⋯⋯⋯⋯⋯⋯⋯⋯⋯⋯⋯⋯⋯⋯⋯⋯58
　　　　　d．資料提供⋯⋯⋯⋯⋯⋯⋯⋯⋯⋯⋯⋯⋯⋯⋯⋯⋯⋯58
　　4．公共図書館サービスと図書館政策・図書館行政⋯⋯⋯⋯⋯⋯59
　　　　(1) 図書館サービスの法的基盤⋯⋯⋯⋯⋯⋯⋯⋯⋯⋯⋯⋯⋯59
　　　　(2) 図書館政策と図書館行政⋯⋯⋯⋯⋯⋯⋯⋯⋯⋯⋯⋯⋯62
　　　　(3) 図書館業務の外部委託問題⋯⋯⋯⋯⋯⋯⋯⋯⋯⋯⋯⋯63
　　　　　a．PFI⋯⋯⋯⋯⋯⋯⋯⋯⋯⋯⋯⋯⋯⋯⋯⋯⋯⋯⋯⋯64
　　　　　b．指定管理者制度⋯⋯⋯⋯⋯⋯⋯⋯⋯⋯⋯⋯⋯⋯⋯65
　　　　　c．住民参加とボランティア活動⋯⋯⋯⋯⋯⋯⋯⋯⋯⋯65

第4章　館種別図書館サービスと図書館協力⋯⋯⋯⋯⋯⋯（斎藤）⋯⋯69

　　1．図書館の種類とサービスの特徴⋯⋯⋯⋯⋯⋯⋯⋯⋯⋯⋯⋯69
　　　　(1) 公共図書館サービスの特徴⋯⋯⋯⋯⋯⋯⋯⋯⋯⋯⋯⋯69
　　　　(2) 大学図書館サービスの特徴⋯⋯⋯⋯⋯⋯⋯⋯⋯⋯⋯⋯72
　　　　(3) 学校図書館サービスの特徴⋯⋯⋯⋯⋯⋯⋯⋯⋯⋯⋯⋯75
　　　　(4) 専門図書館サービスの特徴⋯⋯⋯⋯⋯⋯⋯⋯⋯⋯⋯⋯76
　　　　(5) 国立国会図書館の活動⋯⋯⋯⋯⋯⋯⋯⋯⋯⋯⋯⋯⋯⋯78
　　2．図書館協力⋯⋯⋯⋯⋯⋯⋯⋯⋯⋯⋯⋯⋯⋯⋯⋯⋯⋯⋯⋯80
　　　　(1) 図書館協力の意義と必要性⋯⋯⋯⋯⋯⋯⋯⋯⋯⋯⋯⋯80
　　　　(2) 図書館相互協力の実際⋯⋯⋯⋯⋯⋯⋯⋯⋯⋯⋯⋯⋯⋯82
　　　　　a．大学図書館間の協力⋯⋯⋯⋯⋯⋯⋯⋯⋯⋯⋯⋯⋯82
　　　　　b．公共図書館⋯⋯⋯⋯⋯⋯⋯⋯⋯⋯⋯⋯⋯⋯⋯⋯⋯83
　　　　　c．異なる館種の図書館間の協力⋯⋯⋯⋯⋯⋯⋯⋯⋯84
　　3．図書館サービスと図書館の類縁機関⋯⋯⋯⋯⋯⋯⋯⋯⋯⋯85
　　　　(1) 公民館・博物館と図書館サービス⋯⋯⋯⋯⋯⋯⋯⋯⋯85
　　　　(2) 文書館と図書館サービス⋯⋯⋯⋯⋯⋯⋯⋯⋯⋯⋯⋯⋯88

第5章　利用対象別サービス⋯⋯⋯⋯⋯⋯⋯⋯⋯⋯⋯⋯（阪田）⋯⋯90

　　1．利用者層の分析と各集団別サービス⋯⋯⋯⋯⋯⋯⋯⋯⋯⋯90

(1) 業務支援…………………………………………………90
　　　　　a．行政支援………………………………………………90
　　　　　b．ビジネス支援…………………………………………92
　　(2) 生活支援……………………………………………………94
　　　　　a．生活情報案内・紹介支援……………………………94
　　　　　b．育児相談支援…………………………………………94
　　　　　c．共働き家庭への支援…………………………………95
　　(3) 図書館利用に障害をもつ人々への支援…………………95
　　　　　a．遠隔地居住者への支援………………………………95
　　　　　b．社会的弱者への支援…………………………………96
　　　　　c．高齢者へのサービス…………………………………98
　　　　　d．多文化サービス………………………………………99
　　　　　e．入院患者・長期療養者への支援……………………100
　　　　　f．矯正施設入所者への支援……………………………104
　　(4) 教育・文化活動支援………………………………………105
　　　　　a．文庫活動支援…………………………………………105
　　　　　b．識字教育事業支援……………………………………107
　　　　　c．小・中学校への支援…………………………………107
　　　　　d．教育的・文化的なグループへの支援………………107
　　　　　e．ボランティア・グループへの支援…………………107
2．図書館活動普及・促進サービス…………………………………108
　　(1) 児童サービス………………………………………………108
　　　　　a．ブックスタート………………………………………109
　　　　　b．未就学児童へのサービス……………………………110
　　　　　c．親子読書………………………………………………110
　　(2) ヤングアダルトサービス…………………………………111
　　(3) 一般成人へのサービス……………………………………112
　　　　　a．利用教育………………………………………………112
　　　　　b．アウトリーチサービス………………………………112
　　　　　c．SDIサービス…………………………………………112

(4)　地域活性化促進活動 …………………………………113
　　　　　a．地域の古文書等収集・提供活動 ………………113
　　　　　b．郷土資源に関わる情報収集と提供活動 ………113

第6章　図書館サービスと著作権 ………………………（宮部）……115

　1．著作権制度 ………………………………………………………115
　　(1)　著作権制度の意義と背景 ……………………………………115
　　(2)　著作権に関する諸概念 ………………………………………118
　　　　　a．著作権法 …………………………………………118
　　　　　b．著作物 ……………………………………………118
　　　　　c．著作者 ……………………………………………119
　　　　　d．著作権（著作者人格権・著作者財産権）………121
　　　　　e．著作権の保護期間 ………………………………121
　　　　　f．著作権の制限 ……………………………………121
　　　　　g．自由に利用できる著作物 ………………………123
　　　　　h．著作隣接権 ………………………………………123
　　　　　i．外国の著作物 ……………………………………123
　　　　　j．罰則等 ……………………………………………123
　2．図書館サービスと特に関係する著作権法上の規定 ……………124
　　(1)　閲覧 ……………………………………………………………124
　　(2)　貸出し …………………………………………………………124
　　(3)　複写 ……………………………………………………………125
　　(4)　障害者サービス ………………………………………………127
　　　　　a．視覚障害者向けサービス ………………………127
　　　　　b．聴覚障害者向けサービス ………………………128
　　　　　c．「EYEマーク」「自由利用マーク」……………129
　　(5)　上映会等 ………………………………………………………129
　3．電子メディア・電子的なサービスと著作権 ……………………131
　　(1)　電子メディアと著作権 ………………………………………131
　　(2)　電子図書館 ……………………………………………………132

4．著作権の集中管理機構 ……………………………………133
　　5．著作権と「公貸権」に関する問題 ………………………134

第7章　図書館サービスの測定と評価 ………………………（池内）……136

　1．評価の概要 ……………………………………………………136
　　(1) 評価の目的と主体 …………………………………………136
　　　　a．公立図書館と行政評価 ………………………………136
　　　　b．大学図書館における自己点検・評価 ………………137
　　　　c．外部評価，第三者評価 ………………………………137
　　(2) 評価の局面 …………………………………………………138
　　(3) 評価のレベルと規準 ………………………………………138
　　　　a．効果 ……………………………………………………139
　　　　b．費用対効果 ……………………………………………139
　　　　c．費用対便益 ……………………………………………140
　　　　d．巨視的評価と微視的評価 ……………………………141
　2．評価の方法 ……………………………………………………142
　　(1) サービス計画と目標の設定 ………………………………142
　　(2) 評価の視点とデータの収集 ………………………………144
　　(3) データの分析と価値判断 …………………………………145
　　　　a．時系列比較 ……………………………………………145
　　　　b．他の図書館との比較 …………………………………145
　　　　c．数値基準との比較 ……………………………………146
　　(4) 評価のためのツール ………………………………………147
　　　　a．ISOによるプロジェクト ……………………………147
　　　　b．EUによるプロジェクト ……………………………148

第8章　デジタル化技術の進展による図書館サービスの再構築（高山）……150

　1．図書館サービスの目的 ………………………………………150
　2．「図書館サービス」の再検討 ………………………………151
　　(1) 情報技術革新による図書館サービスの変容 ……………152

　　　　(2)　図書館サービス提供体制の変化 ……………………………154
　　3．技術革新による図書館サービスの変化 ……………………………155
　　　　(1)　紙媒体図書館の図書館サービス ……………………………155
　　　　(2)　機械化図書館での図書館サービス …………………………157
　　　　(3)　電子図書館での図書館サービス ……………………………158
　　4．図書館サービスの再検討と進化 ……………………………………159
　　　　(1)　アクセス概念の再検討 ………………………………………160
　　　　　　a．指示的（書誌的）アクセス ………………………………160
　　　　　　b．物的アクセス …………………………………………………160
　　　　　　c．言語的アクセス ………………………………………………160
　　　　　　d．概念的アクセス ………………………………………………161
　　　　(2)　蔵書（コレクション）の再検討 ……………………………161

参考文献 …………………………………………………………………………164
資料1　図書館サービスのフィッシュボーン ………………………………166
資料2　図書館サービス概念図 …………………………………………………167
資料3　公立図書館の設置及び運営上の望ましい基準 ……………………168
資料4　公立図書館の任務と目標（2004年3月改訂）………………………172
さくいん …………………………………………………………………………181

第1章　図書館サービスの意義と理念

1．図書館サービスの意義と目的

　私たちは日常生活において，さまざまな知識・情報を必要としている。確かな知識・情報を得ることにより，豊かで，安全で，快適な生活を維持していくことが可能となる。図書館に人類の思考と経験の記録を集積することで，現代に生きる私たちの精神的，物質的両面にわたる，より豊かな生活の基盤ができる。これが図書館である。図書館はただ存在するだけでは意味がない。図書館が活動し，図書館サービスとして私たちに受け入れられることで，図書館は現代社会での豊かで健康で文化的な生活を営むための一基盤となる。私たちは民主的な体制のもとで主権者として，文化的で充実した生活を営む権利を保持しているが，主権者が主権を正しく行使するために必要な情報を入手するための基盤的制度として，自治体が設置・運営する社会的制度の一つが公立の公共図書館であるといえよう。

（1）公共図書館の意義

　公共図書館を対象とする「図書館法」（昭和25年4月30日公布）によれば，公共図書館は私立図書館と公立図書館に区分できる。現在のところ，数の上で公立図書館が圧倒的に多数を占めるわが国の公共図書館は，幼児から高齢者まで住民すべてを利用対象とし，住民が健全な主権者として情報を入手し，仕事や生活の向上と充実を図り，余暇の有効な活用として自己の生涯学習を支えるとともに，芸術や文学を鑑賞し，地域文化の創造にかかわる場として機能する。私たちが日常的に接するいわゆる最寄りの地域図書館は，多くの場合，公立図書館であり，公費によって維持，運営されることを原則とする公の施設であり，

住民は誰でも無料でこれを利用することができる。このように，設置主体が自治体であるか私的な組織であるかを問わず，広く一般の地域住民に開放されている図書館を公共図書館（public library）と呼ぶが，この公共図書館の存在こそが，近代・現代の図書館の特徴であるといえよう。

1-1表　公共図書館統計

図書館総数	2,825館
自動車図書館台数	619台
専任職員数	14,664名
図書館設置率（市区）	98.0%
〃　　　　　（町村）	41.5%

（『図書館年鑑2005』日本図書館協会　2005より作成）

　ところで，現在日本国内には公共図書館はどれくらい存在するのであろうか。『図書館年鑑の公共図書館統計によれば，1-1表に示すようになっている。これら一つひとつの図書館が，その規模や地域性などさまざまな条件の違いはありながらも，利用者・住民に満足してもらえるサービス提供を目指して努力している。今日の公共図書館の基本的役割は，めまぐるしく進展する情報社会のなかで，知的文化の伝承と流通を担い，人々の生涯学習を支えることともいえる。

　図書館の歴史を振り返ると，長い間，資料の収集・蔵書の保管・維持のみに多くの努力が注がれる時代が続いてきた。これは本そのものが貴重品であった時代には当然のことであったといえよう。どの時代でも，図書館内での閲覧は行われていたが，図書館の蔵書は原則として貴重品であるがゆえに，原則的には館外に持ち出されることはなかった。ヨーロッパ社会では本そのものを書見台や書架に鎖でつないだ，いわゆる「鎖つき図書（chained book）」のような形で閲覧させる場合も多くあった。

　15世紀半ばのグーテンベルクによる活版印刷術発明以降，図書の数は徐々に増加したが，特に近代に入ると刊本が全盛となり，小型で軽量な本が次第に増えた。イギリスでは1850年に近代的な公共図書館制度ができ，無料の館外貸出しが行われるようになった。「閲覧・貸出し」という近代図書館制度での基本サービスが定着すると，その基本サービスの利用を促進するために，レファレンスサービスが出現し，定着する。レファレンスサービスの概念は1876年にアメリカのグリーン（S. S. Green）により提唱され，20世紀を通じ，図書館員へ

の教育，レファレンスコレクションの整備とともにその範囲を広げてゆき，図書館の補助的サービスから基本的サービスの一つとなった。今後は，調査業務や，利用者への指導業務などの面で，さらなる発展が見込まれる。

わが国では戦前期における閉架方式・館内閲覧中心の図書館サービスが戦後に開架方式・館外貸出し重視に切り替わった。特に，昭和38(1963)年の『中小都市における公共図書館の運営』(略称「中小レポート」)の刊行以後，公共図書館は貸出サービスを重視することとなった。しかし最近では，一部住民により支持されてきたこの貸出し重視の公共図書館のサービス体制に対し，著作者団体や出版業界からの批判が強まってもいる。[1]

一方，20世紀後半には，コンピュータの利用が進み，1970年代初めには有料のデータベースサービス機関が生まれたが，有料データベースのサービスは公共図書館サービス無料の原則の再検討を迫るようになっている。

(2) 図書館サービスを支える理念

ここで改めて，「図書館サービスとはなにか」に関して考えてみよう。その前に「サービス」という言葉について，手元の英和辞典でみてみると，
　①奉仕，貢献。②世話，助力。③仕事，勤務。④雇用。⑤(客に対する)もてなし，給仕。⑥運航。⑦公益事業。⑧(役所などの)部門。⑨軍務。⑩宗教儀式，礼拝。⑪献立。⑫(法律)送達。
など多数の訳語がみられる。[2] このように，英語のサービスという語は非常に広範な意味内容を有することがわかる。わが国の図書館ではかつて「図書館奉仕」とか「図書館活動」と呼んでいたが，現在では「図書館サービス」という語が定着している。

この用語変遷の背後に，図書館を取り巻く社会の変化に対応した図書館活動の変化，多様化を感じ取ることができるだろう。特に近年は「電子図書館」と

---

1) 日本図書館情報学会図書館情報学ハンドブック編集委員会編『図書館情報学ハンドブック第2版』丸善　1999　p.649.
2) 『講談社英和辞典』講談社　1977,『研究社大英和辞典』研究社　1980.

いう表現に象徴されるように，図書館が所蔵する資料は電子化されたものが急激に増え，一部では利用者が自宅で図書館の所蔵資料を検索・閲覧することも可能になっている。このようなさまざまな電子情報とメディアによるいわば機械化された支援も図書館に不可欠ではあるが，しかしそれと並んで，図書と読者，図書館職員と利用者が直接に触れ合う場としての図書館の「優れて人間的な側面」ともいうべき特質は，今後も永久に変わることはないであろう。

既述のように，図書館は住民の求める情報・資料を提供することを通して，人々の知る権利や学習する権利を保障し，教養や趣味を育み，ひいては主権者として社会の健全な発展を方向づける機能をもった社会的な制度である。そのために，図書館では資料の収集，組織化，保存・修復などを通じて住民の図書等の利用を支援している。「図書館法」ではそうした事柄を，第2条において次のように表現している。

> この法律において「図書館」とは，図書，記録その他必要な資料を収集し，整理し，保存して，一般公衆の利用に供し，その教養，調査研究，レクリエーション等に資することを目的とする施設で…。

また，同法第3条においては，

> 図書館は，図書館奉仕のため，土地の事情及び一般公衆の希望にそい，更に学校教育を援助し得るように留意し，おおむね左の各号に掲げる事項の実施に努めなければならない。

として「図書館奉仕」という表現を「図書館サービス」の意味で用いている。

今日，図書館サービスとは，「図書館がサービス対象者の情報ニーズに合わせて提供するサービス全体」であるとされ，「図書館で行われる図書の利用と情報の伝達にかかわる幅広いサービスを含む概念である」と定義されている。[1] 図書館サービスは図書館の種類，利用者の種類，サービスを提供する施設の目的によって表面的にはそれぞれ異なっているように見える。しかし，図書館サービスとは図書館の使命の実現のために図書館が行う活動であることに変わりはない。その図書館の活動は資料の収集，組織化，保存といったテクニカルサ

---

1) 日本図書館情報学会用語辞典編集委員会編『図書館情報学用語辞典　第2版』丸善　2002.

ービス（間接的サービスともいう）と，図書館が利用者に対して直接かかわるパブリックサービス（直接的サービスともいう）とに大きく分けることができる。しかし，直接的な利用提供にかかわるパブリックサービスを指して，狭義の「図書館サービス」と呼ぶこともある。

以下に，図書館サービスにかかわる内外の資料をいくつか紹介する。それらを通じて「図書館サービスとはなにか」を理解するための基盤を見出すことができるだろう。

a．ユネスコ公共図書館宣言（UNESCO Public Library Manifesto）

ユネスコ（1946年発足，日本は1951年に加盟）は世界の国々に公共図書館が普及し，その意義がより理解されるように，公共図書館の目的に関する「公共図書館宣言」を1949年に発表した。その後，社会の変化や進展を取り入れて1972年に改訂がなされ，さらに1994年に，コンピュータや衛星通信の発達などにより，情報化社会へと大きく変化した状況を反映して再改訂されている。

この宣言は公共図書館が教育・文化・情報の活力であり，人々の心に平和と精神的豊かさを育成するために無くてはならない機関であるというユネスコの理念を公式に表明したものである。図書館はすべての人が平等に利用できるという原則に基づいてサービスが提供されること，いかなる検閲にも屈してはならないこと，利用は原則として無料とし，国および地方自治体により経費が調達されねばならないことなどを述べている。1994年改訂ではアウトリーチサービス[1]が明確に位置づけられている。さらに，近年の情報社会の進展を反映して，公共図書館を多様なメディアや技術を取り入れて容易に情報が入手できるようにする地域の情報センターとして位置づけている。

b．図書館の権利宣言（Library Bill of Rights）

アメリカ図書館協会（American Library Association：ALA）が図書館と利用者の知的自由を守るための基本方針として1939年に採択したものであり，「図書館憲章」とも訳される。ナチスの焚書や国内右翼の検閲に対する抵抗の

1）施設入所者，低所得者，非識字者，民族的少数者など，これまで図書館サービスが及ばなかった人々に対して，サービスを広げていく活動。

指針として採択され，その後1948年，1967年，1980年に改訂された。前文では，「アメリカ図書館協会はすべての図書館が情報・思想の交流の場であり，以下の基本方針が図書館サービスの指針となるべきであるということを確認する」として，本文で以下の6項目を挙げている。
① 著者の出身，経歴，見解を理由とする資料排除の禁止
② 党派や主義を理由とする資料排除の禁止
③ 検閲の拒否
④ 表現の自由や思想の抑圧に抵抗する個人・団体との協調
⑤ 個人の出身，年齢，経歴，見解を理由とする図書館利用の権利の拒否・制限の禁止
⑥ 個人・団体への展示空間や集会室の公平な提供

この宣言の解釈および解説として，Intellectual Freedom Manual[1]が出版されている。

c．図書館の自由に関する宣言
(Statement on Intellectual Freedom in Libraries)

アメリカ図書館協会が作成した上記「図書館の権利宣言」に対応するものとして，それを基に日本図書館協会が作成し，1954(昭和29)年の全国図書館大会において採択されたものである。1979(昭和54)年に改訂がなされた。図書館および図書館員の知的自由に関する基本的立場とその決意が表明されている。

内容と構成は以下のとおりである。

まず前文として，「図書館は，基本的人権のひとつとして知る自由をもつ国民に，資料と施設を提供することを，もっとも重要な任務とする」という文言のもとに，次の6項目の理念が提唱されている。
① 国民主権の原理として，「知る自由」と「表現の自由」の国民の保持
② 国民が資料を入手し，利用する国民の権利
③ 図書館の責任において資料と施設を国民の利用に供する図書館の義務

---

1) *Intellectual freedon manual* /compiled by the Office for Intellectual Freedom of the American Library Association. American Library Association, 1974.

④　国民の「知る自由」を守る図書館の義務
⑤　図書館利用という国民の権利
⑥　「国民の知る自由」を保証するという本宣言の目的

以上の前文の下で,「この任務を果たすため,図書館は,次のことを確認し実践する」として次の5項目の宣言がある。

第一　図書館は資料収集の自由を有する。

第二　図書館は資料提供の自由を有する。

第三　図書館は利用者の秘密を守る。

第四　図書館はすべての検閲に反対する。

第五　図書館の自由が侵されるとき,われわれは団結して,あくまで自由を守る。

以上の宣言は単なる図書館員の心構えにとどまることなく,図書館業務の実践の中に生かされなければならない。そのために,「図書館員の倫理綱領」とともに,日常の具体的な業務の中で,いかに実践するかを不断に問い続けなければならない。

d. 図書館員の倫理綱領（Code of Ethics for Librarians）

これは上記「図書館の自由に関する宣言」といわば表裏一体の関係にあるもので,図書館員を対象にした倫理綱領である。1980(昭和55)年の日本図書館協会総会において採択され,以下のような内容が盛り込まれている。

この倫理綱領は「図書館の自由に関する宣言」によって示された図書館の社会的責任を自覚し,みずからの職責を遂行していくための図書館員としての自律的規範であるとして,図書館員個人の倫理規定にはじまり,組織体の一員としての図書館員の任務を考え,次いで,図書館間および図書館以外の人々との協力に及び,広く社会における図書館員の果たすべき任務に至る構成となっている。その概要は次のとおりである。

[図書館員の基本的態度]
　　第一　図書館員は,社会の期待と利用者の要求を基本的なよりどころとして職務を遂行する。

[利用者に対する責任]
　　第二　図書館員は利用者を差別しない。
　　第三　図書館員は利用者の秘密を漏らさない。
[資料に対する責任]
　　第四　図書館員は図書館の自由を守り，資料の収集，保存および提供につとめる。
　　第五　図書館員は常に資料を知ることにつとめる。
[研修につとめる責任]
　　第六　図書館員は個人的，集団的に，不断の研修につとめる。
[組織体の一員として]
　　第七　図書館員は，自館の運営方針や奉仕計画の策定に積極的に参画する。
　　第八　図書館員は，相互の協力を密にして，集団としての専門的能力の向上につとめる。
　　第九　図書館員は，図書館奉仕のため適正な労働条件の確保につとめる。
[図書館間の協力]
　　第十　図書館員は図書館間の理解と協力につとめる。
[文化創造への寄与]
　　第十一　図書館員は住民や他団体とも協力して，社会の文化環境の醸成につとめる。
　　第十二　図書館員は，読者の立場に立って，出版文化の発展に寄与するようつとめる。

　綱領の対象となるのは図書館で働くすべての職員であると考えるべきである。したがって，今日では，単に公務員としての専任で専門(司書)職図書館員だけを対象としたものでないことは言うまでもないだろう。

e．公立図書館の設置及び運営上の望ましい基準

(平成13年7月18日　文部科学省告示第132号)

　これは公共図書館の健全な発達を図るために，その設置運営上の望ましい姿を示した基準で，平成13(2001)年に文部科学大臣が告示したものである。

　「図書館法」第18条では，「文部科学大臣は，図書館の健全な発達を図るために，公立図書館の設置及び運営上望ましい基準を定め，これを教育委員会に提示するとともに一般公衆に対して示すものとする」となっている。これに関

して1960年代後半と1970年代前半に社会教育審議会で審議されたが，公示には至らなかった。その後，生涯学習審議会社会教育分科審議会計画部会図書館専門委員会で審議され，平成4（1992）年に「公立図書館の設置および運営に関する基準」が生涯学習局長名で通知され，改訂ののち現基準となった。

告示第132号としての「公立図書館の設置及び運営上の望ましい基準」は，市町村及び都道府県の教育委員会に対し，「図書館法」第3条に掲げる事項などの図書館サービスの実施に努めることを前提に，以下のような事項に対する基準を提示した。（巻末　資料3参照）

　　図書館の設置，図書館サービスの計画的実施及び自己評価等
　　資料及び情報の収集・提供等
　　他の図書館及びその他関係機関との連携・協力，職員の資質・能力の向上等

この基準でいう公立図書館はいわゆる「第一線図書館」「第二線図書館」としての市町村立図書館，都道府県立図書館の重層構造を前提にしている。都道府県立図書館は住民に対して適切な図書館サービスを行うかたわら，当該都道府県の図書館サービスの全体的な進展を図るべく，市町村立図書館への指導・助言を計画的に行い，市町村立図書館は，住民に対して適切な図書館サービスを行うことができるよう，当該市町村の全域サービス網の整備に努める，としている。

またこの基準では，図書館サービスの水準について，適切な「指標」を選定し，「数値目標」を設定してその達成状況をおのずから点検・評価し，その結果を住民に公表するよう求めている。ただし，この基準自体では具体的な目標となる数値は明示せず，その設定は各自治体に委ねられている。

2．図書館サービスの要素

　図書館サービスを生み出す要素とは，サービス活動を展開する図書館そのものを支える構成要素と言いかえることもできよう。なぜならば，図書館という社会機関はその基本的な存在理由を，住民への資料・情報提供というサービ

においているからである。その図書館サービスをアウトプット（出力）として生み出すために，図書館というシステムにインプット（入力）すべき要素は以下のように，「図書館資料」「図書館施設」「図書館職員」「図書館利用者」の四つの要素から成っている。

a．図書館資料（library material）

図書館資料とは，一言でいえば，図書館が収集の対象とするすべての資料のことである。いくつかの区分が可能であるが，「図書館法」第2条では，図書館を「図書，記録その他必要な資料を収集し……」と定義し，続く第3条において，「郷土資料，地方行政資料，美術品，レコード，フィルムの収集にも十分留意して，図書，記録，視覚聴覚教育の資料その他必要な資料（以下，「図書館資料」という。）を収集し，……」と示している。

また，『日本目録規則　1987年版　改定二版』（2001年）では以下のような区分けをしている。

　　　1)図書，2)書写資料（手稿，写本等），3)地図資料，4)楽譜，5)録音資料，6)映像資料，7)静止画資料（写真集，原画，版画，ポスター，複製画等），8)電子資料（データ，プログラム等），9)博物資料（標本，模型等），10)点字資料，11)マイクロ資料，12)逐次刊行物。

人類は伝達手段として，情報を文字や記号等に変え，石や粘土板，パピルス，羊皮紙，木の葉，木片，紙などを書写材料として利用し，記録してきた。これらのものが保存され残っているもの，すなわち「情報を文字などの記号によって記録し，再現できるようにした物」が資料である。図書館は利用者の求めに応じた資料構成を実現し提供する義務を有するが，増大する一方の資料に対しては収集，保存，提供に関するさまざまな形での相互協力が必要となる。図書館はすべての住民の多様な資料要求に応えるため，幅広い資料整備を行わなければならないが，それらの資料構成は有機的なつながりをもち，住民のニーズと地域社会の状況を反映したものでなければならない。

b．図書館施設・設備（library facility and equipment）

図書館サービスに供されるための建築物がすなわち図書館施設と呼ばれるも

のである。これには独立した建物，他の建物の一部，規模の大きなもの，小さなものなどさまざまなものがある。図書館施設は図書館建築という語と同義語のように用いられることもあるが，図書館施設は図書館と他の施設との関係や，地域計画に含まれる図書館をはじめとする諸施設の機能や規模等を論じる際に用いられる場合が多い。図書館建築の方は個々の建物の構造や設備等に関して用いられる場合が多いといえよう。[1]

　同一の敷地内あるいは建物内に，公民館や文化センターなど，多機能をもった施設と混在させる形で建設された図書館を複合併設図書館と呼ぶ。このような複合施設の図書館部分，あるいは保存書庫など図書館機能の一部を果たすための施設や，他の建物の一部を当てている分室や配本所なども図書館施設と呼ぶことができる。また，「図書館法」第9条においては，図書館同種施設に関して言及されているが，これは公立図書館・私立図書館以外の，図書館と同様の機能を果たす施設を指している。地域文庫，家庭文庫，町内会等団体の設置する図書室などがこれに該当するといえよう。

　「公立図書館の設置及び運営上の望ましい基準」では，図書館サービスの水準を達成するため，開架・閲覧，収蔵，レファレンスサービス，集会・展示，情報機器，視聴覚機器，事務管理などに必要な施設・設備を確保するよう求めるとともに，児童・青少年，高齢者および障害者等に対するサービスに必要な施設・設備など具体的な指針が示されている。

c．図書館職員（librarian and library staff）

　図書館で働いているすべての職員の総称であり，図書館員ともいう。専任職員のほかに臨時職員，嘱託職員，派遣職員などさまざまな身分の人がいる。公共図書館の場合，専任職員の中にも司書，事務職員，技術職員などがいる。図書館の管理と運営はすべての図書館職員の協働によって行われているが，専門職としての基礎教育を受け，図書館現場での経験を積み，不断に自己研修に努めている司書が，主に資料の収集，組織化，保存，提供といった一連の仕事を

1）　図書館問題研究会編『図書館用語辞典』角川書店　1982.

行っている。しかし，十分な専門職員が確保できない図書館では，これらの仕事を他の職種の職員が行っている場合もある。[1]

わが国における図書館専門職に関しては，その養成・教育体制が必ずしも十分でないことに起因する司書の能力不足，図書館現場における専門職司書採用の困難性，社会における図書館専門職司書に対する評価の低さ等々，いずれも相互に関連している問題であるが，図書館専門職の問題は大きな課題として図書館関係者の前に立ちはだかっている。

d．図書館利用者（user, reader, patron, clientele）

図書館がそのサービス対象とする人々のうち，実際に図書館を利用する個人および団体をいう。館種により特色があるが，公共図書館の場合は，老若男女あらゆる年齢層の広がりをもち，利用形態もさまざまである。

サービス対象集団としては，設置自治体の住民や他の地域からその自治体に通勤・通学している人々が中心となる。定期的にその構成状況やニーズの変化を把握することによって，サービス計画の練り直しやサービス戦略の明確化を図ることも必要である。図書館サービスの対象でありながら図書館を実際には利用しない人々を，潜在的利用者と呼ぶことができる。この中には，障害者，高齢者，非識字者，外国人など，図書館利用に関する何らかの障害が原因で利用できない人々も含まれる。また，利用されない原因としては，図書館に対する無関心の他に，図書館施設設備の不備，時間的条件，サービス面での問題，PR不足などが考えられる。

3．図書館サービスの諸相

（1） 図書館の機能

すでに述べてきたが，図書館の基本的な機能は，「図書館法」にも示されて

---

1) 日本図書館情報学会用語辞典編集委員会編　前掲書。

いるように，資料の収集，組織化（整理），保存そして提供である。以下にそれぞれの内容に関して簡単に説明を加える。

a. 収 集 (acquisition)

収集機能には資料選択，発注，受入，支払，登録を経て，資料を組織化し担当者に渡すまでの，図書館における最初の業務が含まれる。それぞれの図書館における収集方針と基準に沿って資料選択と収集が実施される。具体的な収集方法には，購入，寄贈，交換，寄託などがあるが，一般的な公共図書館の場合は購入によるものが中心となる。近年は，新刊点数が年間77,000点（2005年）を超える一方で，いずれの図書館でも資料購入費が削減され，さらに電子媒体資料も急増しているため，資料収集は一層難しい判断を伴う仕事となっている。こうした状況に対応するために，複数館が協力関係を築き「分担収集・保存」を実施したり，特に電子媒体資料購入に関して図書館コンソーシアムといった協力連合組織をつくり，合理化・効率化を図る例も増えている。

資料収集に際しては，各館の収集方針を成文化したものを整備することが重要であるが，現実にはこれを整備していない図書館も少なくない。担当職員に関しては，ほとんどの図書館で資料収集・選択に関する業務は専任の専門職員が担っている場合が多い。

b. 組織化 (整理) (technical processing, technical service)

収集した各種資料をいつでも誰でもその目的に応じて迅速に利用できる状態に整えることが資料の組織化である。具体的には分類・目録作成，装備など，資料を館内の所定の書架に排架するまでのプロセスを指している。従来はこの分類・目録業務が図書館専門職としての司書にとって最も専門的で重要な仕事と考えられ，その作業にかなりの時間を費やしていた。

しかし，昭和38(1963)年のいわゆる「中小レポート」以降，貸出し中心の図書館サービスが展開される中で，職員のエネルギーの多くは貸出しやレファレンスといった，直接サービスに向けられる傾向が強まった。さらには，複写機の発達，コンピュータ利用のMARC（機械可読目録）の登場などにより，図書館業務全般の合理化が大きく進み，個別図書館における組織化の時間も労力

も大幅に短縮されるようになった。しかし一方では，図書館資料の多様化に伴う書誌データ作成の複雑化・高度化などから，この分野の知識・技能は従来以上に図書館専門職としての基本的技能として重要なものとなっている側面もあることを見逃してはならないであろう。

c．保　存（preservation and conservation）

　図書館資料は利用されてこそ意味があるといえるが，それを支える重要な機能として，保存がある。図書館資料はその時期，その時代の利用だけではなく，将来の利用をも考慮して収集・保存がなされることが必要である。公共図書館のうち，規模の大きい都道府県立図書館や中央館には特に保存機能を担う責任が託されている。その最たるものが各国の国立図書館である。

　一般の公共図書館の場合はスペース上の問題から，現在貸出し要求の多い資料を優先的に収容し，利用頻度の落ちた資料は大規模図書館に依存したり，あるいは近隣の図書館同士で分担保存を図るといった工夫が見られる。また，協同で保存書庫を設置する場合もある。

　日常的な保存に関する業務としては，毎日の貸出し・返却作業を通じて資料の傷み具合を把握したり，排架作業に際してまわりの資料の状況をチェックし，必要の認められる資料に関しては早めの手当てを施すことが大事である。

　一方で，国立図書館をはじめとする大規模図書館においては，酸性紙による資料劣化が世界的にも大きな問題となっている。わが国でも中性紙使用が奨励され，その効果が期待されている。資料保存に関する用語としては，

　① 　保存（preservation）……保存施設の整備，職員の専門性，政策，技術，方法を含む全ての運営面，財政面の考慮。

　② 　保護（conservation）……資料を劣化，損傷，消失からまもるための個々の実務。資料そのものに直接施す処置，処理に関する技術と方法。

　③ 　修復（restoration）……経年，利用などにより損傷した資料を技術系職員が補修する際に用いる技術と判断（壊れた資料を技術者が直すこと）。

の三つがあるが，一般的には「資料保存（Preservation and Conservation：PAC）」と表現される場合が多い。それぞれの図書館においても，個別資料に

適した方法を採用して適切な保存を図ることが大切である。

d．提　供（provision of library material）

　求められた情報および資料を利用者に対して提供することであり，公共図書館にとって本質的・基本的機能といえよう。貸出しは個人を対象とするだけではなく，団体も対象とされる。上述の収集・組織化・保存機能は，すべてこの提供機能を支えるものとして存在・機能するといっても過言ではあるまい。提供機能は「中小レポート」以降，館外貸出しという具体的・戦略的な方法によって，公共図書館における中核的な機能として強調されてきた。資料は利用者の望む方法，利用者にとって便利な方法で利用できるようにすることが重要だとする考え方は，他の館種におけるサービス方針にも影響を与えてきたといえよう。

　こうした貸出し重視の考え方の背後には，実は，貸出しが十分に行われることによって，レファレンスの要求が生まれ拡大する，さらには読書会などの集会行事活用も活発化する，といった資料提供と情報提供，すなわち貸出しとレファレンスサービスとの間の有機的な関係を展望する思想が横たわっていたと思われる。しかし，現実にはこれまでのところ，貸出しに対比してレファレンスサービスの十分な展開が必ずしも見られず，このことが図書館関係者の間で論議の的となっている。

（2）　書誌コントロールの概念とアクセシビリティ[1]**，アベイラビリティ**[2]

　繰り返しになるが，図書館の使命はその利用者に対して知的情報資源へのアクセスを保証することにある。この場合，情報資源へのアクセスとは具体的には二つの側面・レベルをもっている。一つは，資料・情報を求める利用者が，

1）　図書館のパフォーマンス測定を構成する概念の一つで，サービスや施設への到達しやすさ，あるいは利用のしやすさのことである。たとえば図書館があってもある利用者にとって開館時間が短ければ，そのアクセス可能性は低いことになる。

2）　図書館のパフォーマンス測定を構成する概念の一つであり，利用者によって資料・情報等が求められた時点で，その図書館がそれらの資料・情報・施設・サービス等を実際に提供できる度合いをいう。たとえば，ある資料を利用したいと望んでいる利用者がいた場合，実際にその資料を入手できるかどうかに関する可能性のことである。

地理的・物理的距離，時間的距離を超えて，求める資料・情報がどこに，どのように存在し，その内容がどのようなものであるかを把握する側面・レベルである。もう一つは，それらの情報に基づき，実際に必要な資料・情報そのものを入手する側面・レベルである。前者を一般に「アクセシビリティ（アクセス可能性，accessibility）」と表現している。情報資源へのアクセスがいかに実現されるかという意味である。そして後者は「アベイラビリティ（入手可能性，availability）」と表現される。

　図書館における資料の提供は，「アクセシビリティ」が実現されることにより，求める文献や資料の存在とその所在が特定される。具体的なアクセシビリティは書誌データの提供の形式で行われるが，情報を求める要求者にとって，書誌データだけでは目的は達せられない。情報内容を記述している文献そのもの（原テキスト，一次文献）が提供され（アベイラビリティの実現），それが読めることで要求を満たすことができる。したがって，図書館サービスの提供上はアクセシビリティとアベイラビリティの両方が実現できてはじめて資料提供という図書館サービスとして完結する。

　この中にあって，アクセス可能性を支えるさまざまなレベルの書誌情報整備の仕組みを全体として「書誌コントロール（bibliographic control）」（「書誌調整」「文献制御」とも呼ばれる）と呼んでいる。

　書誌コントロールとは，資料を識別同定し，記録して，利用可能な状態を作り出すための手法の総称であり，図書館で行われる目録作業や分類作業は，この書誌コントロールの最も基本的な方法である。すなわち，共通の基盤で目録規則や分類法，MARCフォーマットなどを決めたり，標準的な資料識別記号を決めたりすることによって，標準的な書誌記録が利用できるようになる。これにより，重複した作業が軽減されるだけでなく，広範囲で効率的な書誌情報検索と所蔵・所在調査を可能にするシステムの基盤が形成されるようになる。このように，各館における資料組織化処理から始まって，国家や国際的な規模で標準的な書誌的記録を作成し，共同利用するための仕組みに至るまでの全体が書誌コントロールである。近年，その対象は非図書資料，文書館資料へと広

がっている。[1]

図書館は書誌コントロールされている資料・情報と利用者を結びつける社会機関としての役割を果たしているのである。

4．図書館サービスの種類

図書館サービスは図書館がサービス対象者の情報ニーズに合わせて提供するサービス全体を指す概念である。すなわち，図書館で行われる図書の利用と情報の伝達にかかわる幅広いサービスを含む概念であり，図書館の種類，利用者の種類，サービスを提供する施設の目的によって異なってくる。ここではそうした図書館サービスの枠組み，および概略を以下に紹介する。

（1）テクニカルサービスとパブリックサービス

すでに述べたように，館種の違いに関係なく一般的に図書館サービスは，資料の管理と組織を中心とした，利用者の目には見えにくいテクニカルサービス（資料の収集，組織化，保管など）と，直接利用者と接する度合いの大きいパブリックサービス（資料・情報の提供などの利用者サービス）とに，大きく分けることができる。テクニカルサービスを間接サービス，そしてパブリックサービスを直接サービスとも呼ぶ。いずれも利用者のために図書館が行う重要なサービス機能であるが，特に公共図書館の場合は，直接サービスであるパブリックサービスがさまざまな展開をみせていることもあって，このパブリックサービスを指して図書館サービスという場合もある。言葉を変えれば，図書館サービスとは広義には，記録情報である資料を収集し，これを整理・蓄積して利用者に提供する，図書館の専門的業務全体を指すが，狭義には特に資料・情報の提供にかかわるパブリックサービスを指して図書館サービスという。パブリックサービスが十分機能するためには，それを支えるテクニカルサービスがし

1）日本図書館情報学会用語辞典編集委員会編　前掲書．

っかりと機能していなければならないことはいうまでもない。

以下に，パブリックサービスを中心にして，さまざまな種類の図書館サービスについて簡単に紹介する。本章では枠組みと概略のみに留め，後章でそれぞれのサービス内容を詳述する。

（2） 利用対象別の図書館サービス

a．年齢別サービス

以下のような年齢別サービスがある。

① 乳幼児サービス……近年開始されたブックスタートが代表的なものである。これは乳幼児健康診断の際などに図書館員が保健所に出向いて，絵本の読み聞かせをしたり，絵本の与え方などで母親の相談にのったり，絵本キットをプレゼントしたりするサービスである。

② 児童サービス……お話し会，ストーリーテリング，ブックトーク，読み聞かせなどが代表的なものである。

③ ヤングアダルト・サービス……青少年サービスともいわれ，中高生が中心である。活字離れの激しい年代なのでサービスにも工夫が求められる。

④ 成人サービス……社会の変化などに対応し，就職・転職・職業能力開発，日常の仕事などのための資料および情報の収集・提供が求められる。

⑤ 高齢者サービス……来館する高齢者への配慮として，バリアフリーの施設，大活字本や拡大読書器などの設置も望まれ，図書館利用の際の介助，対面朗読，宅配サービスなど，きめ細かなサービスも必要であるが，児童などとは異なり，心理的に抵抗感の無い形式でのサービス提供が求められる。来館に困難が伴う高齢者へのサービスは障害者サービスに準じる。

b．障害者サービス

視覚障害者，聴覚障害者，身体障害者などの状況に応じた施設・設備の整備が求められる。点字資料，録音資料，手話や字幕入りの映像資料の整備・充実，資料利用を可能にする機器・機材の整備や手話などによる良好なコミュニケーションの確保，図書館利用の際の介助，対面朗読，宅配サービスなどが含まれる。

c．その他の特定利用者向けサービス

① 多文化サービス……外国語資料の収集・提供，利用案内やレファレンスサービスなどが含まれる。
② アウトリーチサービス……施設入所者・入院患者・受刑者・低所得者・非識字者など図書館サービスの圏内にいながら，これまでサービスが及んでいなかった人々に対する図書館からの積極的な働きかけを指している。

（3） 形態別の図書館サービス

図書館サービスを形態別にみた場合，いくつかの類型化が可能であろう。ここでは従来からの貸出サービスに代表される，いわゆる「資料提供サービス」と，レファレンスサービスに代表される，いわゆる「情報提供サービス」に大別して，主なものをみていく。

a．資料提供サービス

① 閲覧……館内での資料の利用
② 貸出し……館外での資料の利用
③ 複写……「著作権法」に基づき一定の条件で図書館内で行うもの
④ 文献送付……依頼に応じて職員が行う複写および送達
⑤ 資料配布……利用者への資料の送達
⑥ 現物貸借……相互貸借など
⑦ 予約サービス……返却待ちに加え，購入や他館からの借用を含めることもある。

b．情報提供サービス

① レファレンスサービス……利用案内（施設の利用案内，資料の利用案内，情報・文献探索法の指導），情報提供（情報源の提供や提示，情報源の所在箇所の指示，二次資料の作成と提供，レフェラルサービス）
② 文献検索……文献調査，オンラインデータベース検索設備の提供，CD－ROM検索設備の提供，代行検索
③ カレントアウェアネス……コンテンツサービス，SDI

④　その他……翻訳，読書相談，データベースの作成と提供，出版の支援[1]
  c．その他
　①　施設の提供……集会・行事活動
　②　広報活動

（4）　館種別の図書館サービス

　設置母体別に図書館をみた場合，国立図書館，公共図書館，学校図書館，大学図書館，専門図書館，その他の図書館に分けることができよう。図書館サービスの根幹部分は館種の如何を問わず共通のものが多いが，各図書館は利用対象をはじめ固有の条件に従った独自の設立目的をもっており，それに沿って館種固有のサービスも展開している。ここでは館種ごとにその特徴的な図書館サービスに関して簡単に紹介する。

  a．国立図書館
　その国を代表する図書館としての位置づけを与えられている。多くの場合，納本制度などに基づき，その国の出版物を網羅的に収集・保存する機能を果たしており，質・量ともに国内最大級の図書館である。わが国では，「国立国会図書館法」（昭和23年公布）にそのサービス基盤が明記されている。そのサービスは国会議員に対するものと，国民に対するものとの二面性を有している。
　中央の図書館は東京本館（全体統括，国会へのサービス，行政・司法各部門へのサービス，資料収集方針策定と実施，全国書誌の作成，館内利用サービス，専門情報サービスなどを担当）および関西館（遠隔利用サービス，館内利用サービス，アジア情報サービス，総合目録の作成と提供，障害者図書館協力事業，図書館情報学研究と図書館員研修，電子図書館コンテンツの構築と提供などを担当）から構成されている。また支部図書館として，国際子ども図書館（児童書及び関連資料の収集・提供・保存，閲覧・複写・レファレンスサービス，展示・イベント，学校図書館などとの連携，デジタル・アーカイブ，デジタル・

　1）　日本図書館情報学会図書館情報学ハンドブック編集委員会編　前掲書　p.652.

ミュージアムなどの電子図書館サービスなどを担当）をはじめ東洋文庫，各行政・司法部門の支部図書館がある。これらが全体としてわが国の国立国会図書館を構成している。国立図書館の最大の特徴は，その網羅的な資料収集と保存機能にあるといえよう。

b．公共図書館

「図書館法」には「国民の教育と文化の発展に寄与すること」「教養，調査研究，レクリエーション等に資すること」が，目的とされている。利用対象は国民，すなわち老若男女を含むすべての国民である。さまざまな背景をもつ利用者一人ひとりに満足してもらえるような図書館サービスを実現することはある意味では至難の業ともいえるが，しかしそれを目指すことこそ専門職としての図書館司書の誇りといえよう。本来は公共図書館の利用対象者であるが，特別な事情で利用面での障害や制約を抱えている人々のへのサービスに関しては，後述する「その他の図書館」で扱うことにする。

「図書館法」第17条では「入館料その他図書館資料の利用に対するいかなる対価をも徴収してはならない」として公立図書館無料の原則を打ち出している。近年の急速な情報化社会の出現により，ある種の情報は高額料金を図書館に課す場合もあるが，それをそのまま利用者負担とすることは現時点では行われていない。しかし，諸外国の例なども参照し，わが国でも一部有料制を主張する声は徐々に高まってきている。

c．学校図書館

サービス対象は「学校図書館法」（昭和28年公布）に明記されているように小学校・中学校・高等学校（各盲学校，聾学校，養護学校を含む）の児童・生徒および教員である。しかし，ここでは明記されていないが，当然，職員も利用者対象に含まれていると考えるべきであろう。そのサービスの特徴は，「教育課程の展開に寄与する」こと，および「児童又は生徒の健全な教養を育成すること」とされている。具体的には児童・生徒に対する読書活動促進のためのさまざまなサービスや，授業と有機的に関連づけられた情報活用能力育成のためのサービスがある。教員に対しては，その教育・研究活動をさまざまな形で

支援する。2003(平成15)年4月から12学級以上のすべての学校には司書教諭を置くこととなった。しかし12学級以下の規模の学校がまだ全体の半数近く存在していること，多くの場合，司書教諭は兼任であることなど，さまざまな点で問題が多い。教科担任や情報科目担当者とのティームティーチングをはじめとする各種連携，父母・ボランティアなどのサポート活用，地域の公共図書館との連携協力により，上記の目的を達成できるような体制づくりが急務といえよう。その際，校長や教育委員会関係者の学校図書館運営に対する理解と優れたリーダーシップが成功の鍵を握るきわめて重要な要素であることは明らかである。

d. 大学図書館

大学図書館固有の法律はないが，「大学設置基準」などが設置・運営の根拠となっている。一般的に利用対象は学生および教職員であり，研究・教育に資することが目的とされる。設置母体の特徴を反映したサービス内容となるが，公共図書館や学校図書館に比べて，専門的な内容のレファレンスサービスが活発といえよう。一般的に，資料は質量ともに公共・学校図書館に比べて充実している。また，電子媒体の資料も積極的に収集され，学生・教員のために教育・研究両面におけるサービスを提供している。近年は外国も含めた他大学図書館とのさまざまな図書館協力が盛んになっている。一方では，地域住民への資料・情報提供サービスを積極的に行う大学図書館も増えてきている。

e. 専門図書館

専門図書館はその種類と数が多い。また，公共図書館や大学図書館でも一部のものは専門図書館的な性格を有しており，明確な線引きはなかなか困難である。そのサービスの特徴としては，第一に，利用対象が特定の専門領域にかかわる人々に限定されている。第二に，その扱う資料・情報もいわゆる灰色文献[1]や，オンラインデータベース検索に代表されるような，最新かつ専門的なものが多いことが挙げられよう。そのため，サービスの質は他の館種に比べて

---

1) 学位論文，会議資料，調査研究報告書等，一般の流通経路にのらないため入手が困難な資料。

高度で専門性の高いのものとなり，職員には最新の電子媒体を駆使する技能も要求される。またビジネス系図書館や技術系図書館などでは，単なる資料提供やレファレンスサービスにとどまらず，資料の分析を通じての調査活動や資料・文献の高度な加工や情報に付加価値をつけるサービスなどが求められている。

さらには，主に企業の技術系広報誌や一般広報誌などの専門雑誌などの編集，印刷，出版などの業務を行う図書館もある。

f．その他の図書館

1）点字図書館　視覚に障害を有する人々のための図書館であり，「身体障害者福祉法」(昭和24年公布)に基づいている。点字資料，録音資料，大活字本などを整備し，もっぱら郵送貸出しによりサービスを展開している。点字図書館では「著作権法」の規定により，著作権者の許諾なしで録音資料の作成が可能となっている。視覚障害者情報提供施設として，点字図書館を含む多くの施設が全国各都道府県に設置されている。

2）病院図書館　わが国ではまだ入院患者のための充実した図書館サービスはごく一部を除き，実現していない。人々の意識の高まりとともに，地域の公共図書館と病院内図書館との一層の連携協力が望まれる。

3）刑務所図書館　「監獄法」(明治41(1908)年公布)により収容者の読書権が認められてはいるが，独立施設は少なく，サービス内容も極めて貧しいものである。諸外国の例に学ぶべき点が多いといえよう。

5．変化する図書館サービス

急激な社会の情報化により，図書館サービスも大きな変化をみせている。公共図書館においてもインターネットでの蔵書検索や予約システムが珍しいことではなくなった。図書館資料を家の近くの図書館や公民館，あるいはコンビニエンスストアで受け取ったり，返却したりする試みも始められた。ビジネス支援サービスや地域資料の充実といった特色あるサービスを展開している図書館も多い。

県立図書館や大学図書館などでは，図書館に足を運ばなくても受けられるデジタル・レファレンスサービスの実施や，所蔵資料を電子化して公開することも行われている。コンソーシアム形成による学術情報の収集，提供，発信機能の強化，海外学術研究機関との連携の緊密化も進められている。

　しかし一方では，こうしたサービスの展開に伴って新しい問題も生まれている。たとえば，物流とその費用負担の問題，相互貸借のルールの明確化，コンピュータウィルスやセキュリティーの問題などが顕在化し始めている。

　図書館サービスの今後の展望に関しては，インターネットを中心としたコンピュータネットワークを用いた資料提供と情報提供が，特に科学技術分野やビジネス分野を中心として，今後さらに発展することは確実といってよいだろう。そして，デジタル化や情報通信技術の一層の発展は，検索系情報サービス機関としての図書館と，それとの類縁性をもつ博物館や文書館との違いを少なくし，両者の境界が融合化する傾向もでてくるであろう。また社会的な変化の側面では，図書館業務の民間委託，指定管理者制度の採用，派遣職員の受け入れなど，図書館の経営形態の多様化が一層進むことになるだろう。そのような中で，「図書館法」に存在基盤を置く公立図書館といえども，公務員である専任職員による無料サービスの原則の見直しも早晩避けられなくなっている。しかし，そうした変化の中にあっても，図書および情報を提供する社会機関としての図書館は，資料提供の面において今後も変わらず生き続け，人々の生活の中心であり続けることは間違いないであろう。

　そして何より，人類の知的情報資源へのアクセスを保証し，そのような資源を将来の世代に伝承してゆく図書館という社会制度は，今後も不滅であるといってよいであろう。

第2章　図書館サービスの種類と方法

1．図書館サービスの類型と概要

　図書館サービスは，第1章で述べたように，パブリックサービスとテクニカルサービスに分けられるが，パブリックサービスは，2－1図に示したように，利用者の資料要求を満たすための「資料提供サービス」，利用者の情報要求を満たすための「情報サービス」，さらには図書館という施設を活用した集会・行事の企画運営・実施，広報などの「集会・行事，広報活動」などに区分できる。

(1)　資料提供サービスの概要

　何らかの要求をもって図書館を訪れた利用者はまず書架に行き，排架されている資料から要求を満たしそうな資料を見つけることがあろう。あるいは，直接書架に行くのではなく，図書館蔵書目録を検索して，必要な資料を見つけ，請求記号により，その排架場所を確認して，書架に向かう利用者もいるだろう。いずれにせよ，利用者は入手できた資料が要求を満たすかどうかを把握するために，館内で利用することになろう。この，館内での資料利用を可能にするサービスが閲覧サービスである。

　しかし，資料を通読するなど，館内では十分に資料を利用できない場合には，利用者は自宅など館外で利用したいと考えるだろう。この，館外での資料利用を可能にするサービスが貸出サービスである。

　閲覧や貸出サービスについては，図書館で実際に求める資料が入手できていることが前提となる。求める資料が図書館で入手できない状態には二つのケースがある。一つは求める資料がすでに他の利用者によって利用されている場合である。これには二つの状態がある。一つは他の利用者が館内で利用している

状態であり，もう一つは他の利用者によって貸し出されている状態である。館内利用中のときは，その資料が書架に戻るまで待たなければならない。貸出中の場合には，返却後，優先的に資料を利用できる「予約サービス」が提供されることになる。

　求める資料がないもう一つの事態は，その資料がそもそも図書館に所蔵されていない場合である。この事態に対しては2種類のサービスが用意されている。一つは，未所蔵資料の新規購入を受け付ける「リクエストサービス」である。しかし，その資料がすでに絶版の場合，あるいはその図書館の選書基準や図書予算の不足により，図書館資料として購入できない資料については，他の図書館から取り寄せる「ILL（図書館間相互貸借）サービス」が提供されることになる。

（2）　情報サービスの概要

　以上の貸出し・閲覧サービスは図書，雑誌，視聴覚資料などの図書館資料自体を求める利用者へのサービスである。それに対して，利用者が具体的に特定の情報や知識を求めている場合に提供されるのが「情報サービス」である。ここで注意すべきことは，提供される情報や知識は，図書や雑誌記事などの文献に記録されている点である。したがって，情報サービスは，最終的には事典などのレファレンス資料や，一次資料としての図書や雑誌記事など，特定の資料を使って提供されるサービスである。

　2-1図に示したように，情報サービスは基本的なものと，伸展的なものに分けることができる。基本的な情報サービスには，利用者の情報要求に対応する「レファレンスサービス」，図書館の利用法や情報探索法を案内・指導する「利用案内」，最新の文献情報を定期的に提供する「カレントアウェアネスサービス」，特定のテーマを過去に遡って検索する「遡及検索サービス」，図書館類縁機関などの情報源となりうる機関や人物などを紹介する「レフェラルサービス」などがある。一方，伸展的情報サービスには，読書への興味関心を充足する読書資料の推薦や読書能力の育成を意図した「読書相談」がある。この読書

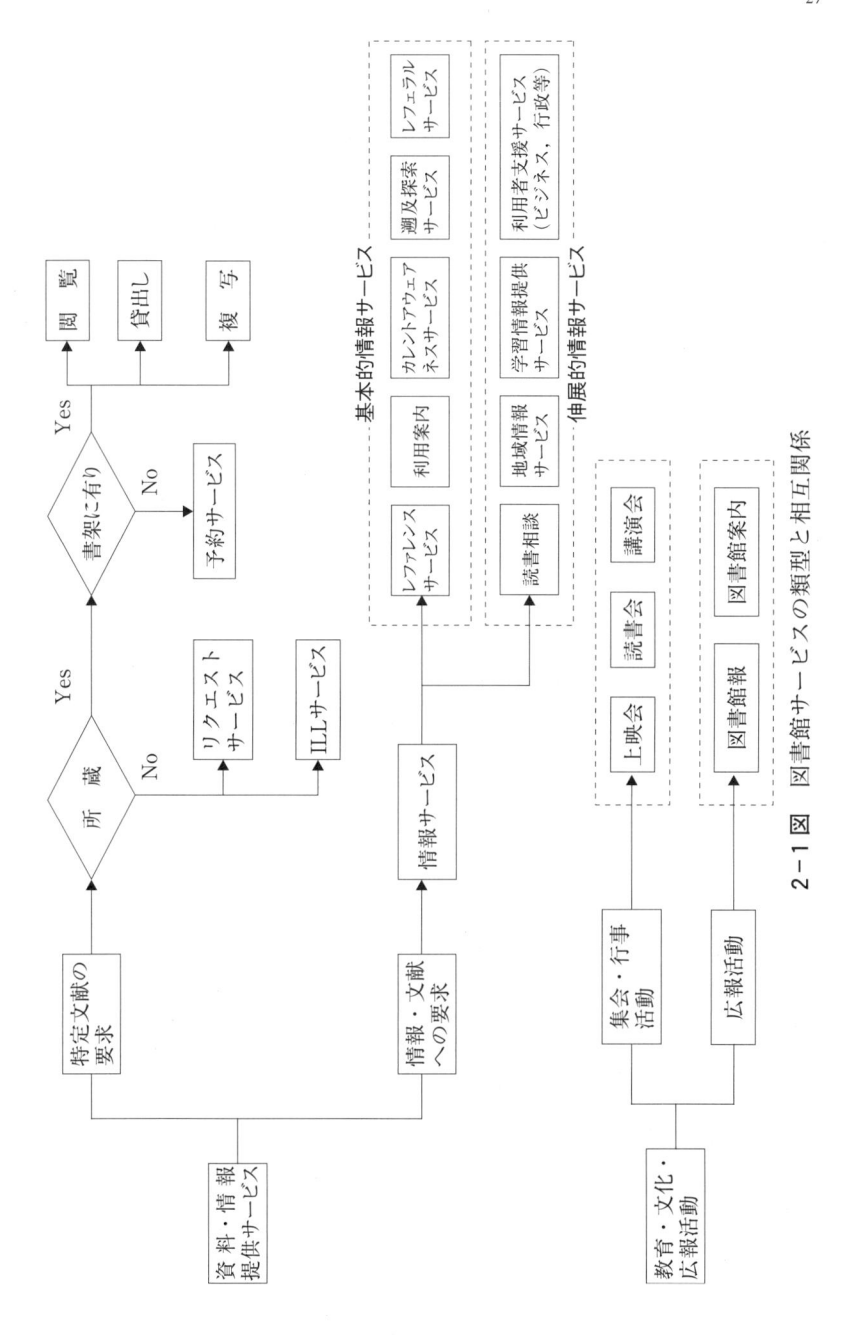

2-1図 図書館サービスの類型と相互関係

相談は，読書を通じて心の問題の解決を図ろうとする「読書療法（bibliotherapy）」と密接に関係する。その他，地域住民の日常生活に必要な機関・施設に関する情報提供を行う「地域情報提供サービス」や，地域住民の学習ニーズに応える「学習情報提供サービス」があり，最近では地域の事業主や起業を志す人たちに必要とする情報を提供するビジネス支援サービスや行政担当者に有効な資料類を提供する行政支援サービスなどの「利用者支援サービス」にも関心が集まっている。

（3）集会・行事，広報活動の概要

　資料提供や情報提供という図書館サービスの基本的な機能とは別に，図書館という施設を活用した集会や行事を実施するサービスがある。また，図書館サービスを広く潜在利用者に認識してもらうための広報活動や，設置母体に対して図書館サービスの重要性を説明し，予算や人事への要望を実現するための広報活動も実施される。集会・行事への参加を契機に，地域住民が図書館の機能を知り，資料提供サービスや情報サービスを利用するようになることが期待される。その意味で，集会行事活動も広報活動の一環としてとらえることもできる。

2．閲覧・貸出し

（1）閲　　覧

　利用者が館内で図書館資料を利用する形態を閲覧という。利用者が資料を閲覧するには，閲覧机を配置した閲覧室の設置，レファレンス資料や大型図書を利用するための専用机の設置など，施設面，備品類の配慮が必要となる。開架図書をその場で閲覧できるように，書架の間に一定のスペースを設けることも重要である。また，大学図書館などでは，図書館資料を利用した共同学習ができるグループ学習室や共同研究室の設置も必要である。さらに，軽読書コーナ

ーや，キャレルの設置，図書館資料を館内で利用するための施設・備品の設置，音環境や採光など館内利用環境の整備も閲覧サービスの一環である。

　利用者は，資料を通読し，あるいは時間をかけて読みたい場合には，館外利用を希望し，貸出サービスを受けることになる。このように，閲覧は貸出しに先立つ図書館利用行動であり，閲覧サービスの充実が貸出サービスを促進することになる。

　さて，図書館資料には，その種類によって，閲覧が主たる利用形態となるものがある。その種の資料としては，

❶　レファレンス資料（辞書，事典，書誌・索引類）
❷　雑誌（製本前）
❸　貴重書

などが挙げられる。

　❶のレファレンス資料は，通読を主たる利用形態とする一般資料とは異なり，調べたい事項などが記載された特定の部分を参照するという利用形態となるため，一般に閲覧のみで十分に利用目的が達成される。館外で利用したいときは，複写サービスを利用し，該当部分を複写し，私物とすればよい。

　レファレンス資料が館内利用に制限されるもう一つの理由は，レファレンス資料はしばしば複数の利用者による利用が競合する点である。そのため，貸出しによって一定期間，特定の利用者に資料が占有される状態は避けなければならない。

　これらの理由により，レファレンス資料は，一般的に閲覧のみに制限されることになる。レファレンス資料の閲覧サービスにあたっては，資料を広げて利用できるような専用机を書架に隣接して設置する必要がある。また，資料を排架する書架には低書架を使用し，書架の上に資料を広げて利用できるような配慮が求められる。

　以上，主に印刷媒体のレファレンス資料の閲覧の問題を取り上げたが，レファレンス資料については，電子媒体の利用環境も考えなくてはならない。特に，書誌や索引など，文献検索用のレファレンス資料は電子媒体としてインターネ

ット経由で提供されるものが多い。辞書や事典なども，DVDなどのパッケージ型で供給されているものや，インターネット経由で利用されるものも少なくない。そこで，閲覧サービスでは，電子媒体のレファレンス資料の利用環境整備も重要となる。

　❷の雑誌，特に製本前の雑誌については，一般に閲覧のみにその利用が制限されている。これは，レファレンス資料と同様，雑誌の主な利用はその雑誌に収録されている特定記事の利用であって，雑誌全体の通読を目的に利用されることは，通常はないためである。特に新着雑誌については，利用が競合することが多いことから，館外利用は適当でない。さらに，最新号を除いて（著作権法第31条参照）は複写サービスを利用し，特定記事を複写すれば，記事を私有することもできるので，貸出しによる館外利用を必要としないこと，および紛失した場合の欠号補充が困難なことも，雑誌の利用を閲覧に限定する理由となる。

　❸の貴重書など文化財としての価値を有するものも，その利用は閲覧に制限されている。特に貴重な資料については，閲覧についても研究者のみに限って認めるなど，特別の条件を課すこともある。なお，貴重書については，大学図書館を中心に，デジタル化を図り，図書館のホームページから閲覧できるようにしている図書館も多く，貴重書をデジタル形式で広く閲覧できる環境が進展しつつある。

　閲覧サービスにおいて重要なことは，利用者が自由に資料にアクセスできる開架書架を導入することである。特に，利用者が特定のタイトルの資料や特定著者の著作物などの既知文献を探すのではなく，漠然とテーマから資料を探すような場合には，主題によって組織され，排架されている書架に自由にアクセスして，ブラウジング（browsing，本の拾い読み）できることが重要である。

　閲覧環境の整備にあたっては，図書館利用者の無限定性の原則に基づき，すべての利用者が等しく館内利用できる環境整備に留意する必要がある。その際，児童サービスのための閲覧環境として，乳幼児から小学生までの子どもの利用を考慮しなければならない。すなわち，一般成人の利用とは別の閲覧室あるいはコーナーを設け，読み聞かせのための部屋や，絵本などをフロアに広げて自

由に読めるような環境を整える必要がある。閲覧環境の整備としては，いかに快適な閲覧環境をつくるかが問題である。閲覧室のレイアウト，机・椅子のデザイン，光・音環境の設計，空調，サイン等についての配慮が必要となる。また，高齢者，障害者の図書館利用のために，バリアフリーの図書館施設，視覚障害者のための点字資料室や朗読室の設置などが必要である。

さて，閲覧サービスでしばしば問題となるのが，資料が，利用者によって所定の書架に戻されず，誤って排架されてしまう場合である。そこで図書館側では，開館前に，シェルフリーディング（shelf reading，排列の点検）など，書架整頓の作業を行うほかに，場合によっては利用者が直接書架に返却することを禁じ，返却台へ戻させることも重要となる。なお，誤排架の問題については，ICタグの導入による資料の位置情報確認システムを使うことで，発見が容易になる。またこのシステムの導入により，従来はその把握が困難であった特定資料の館内利用状況が確認できるようになり，館内利用データの収集も可能となる。

（2）貸　出　し

a．意　義

貸出しとは，館外での図書館資料の利用を可能にするサービスである。利用者は閲覧だけでは十分に資料が利用できない場合には，この貸出サービスにより自宅など館外で，一定期間，資料を利用することができる。

貸出サービスは，公共図書館のみならず，大学図書館，学校図書館においても主要な図書館サービスである。図書館の利用目的には，① 教養，② 娯楽，③ 調査・研究，④ 学習などがあり，目的達成のために，その資料を一定期間必要となる場合がある。貸出サービスは，こうした図書館利用者の要望に応える最も基本的なサービスといえる。しかし一方で，貸出サービスは利用者に対するアベイラビリティ・レート[1]を低下させるという側面がある。そこで，ア

---

1) アベイラビリティ・レート（availability rate）とは，利用者が求める資料を書架上で入手できる確率をいう。貸し出されている資料が多いほど，書架に排架されている資料は少なくなるので，利用者が求める資料を書架で入手できる確率は低下することになる。

ベイラビリティ・レートを一定に保つためには，利用頻度の高い資料の複本を用意しておくことになるが，多部数の複本購入は蔵書構成に悪影響を与えるため，貸出期間の短縮や利用者への貸出冊数に制限を加えるなどの方策をとることもある。

2-1表および2-3図は，1960年代以降の全国の市町村立図書館の総貸出数の伸びを，蔵書数とともに示したものである。1967(昭和42)年の貸出数922万

2-1表　市町村立図書館の貸出・蔵書数の経年変化

年	図書館総数	蔵書総数(万冊)	個人貸出数(万点)	貸出伸び率	蔵書回転率
1967	697	1,430	922	1	0.64
1977	1,026	3,774	8,423	9	2.23
1993	2,024	16,901	32,083	35	1.90
1998	2,434	22,899	43,964	48	1.92
2003	2,672	28,425	55,464	60	1.95

(『図書館年鑑2005』日本図書館協会　2005より作成)

2-2図　貸出しカウンター (浦安市立中央図書館)

冊を1としたときの各年代の貸出数の比率は，蔵書数の増加率をはるかに上回り，10年後の1977(昭和52)年には早くも10倍近くとなり，1993年には35倍，2003年には60倍の約5億5,500万冊に達している。1970年代以降の急速な伸びは，『市民の図書館』(日本図書館協会　1970)において貸出サービスのより一層の充実が公共図書館の目標として指摘されたことを反映したものといえる。

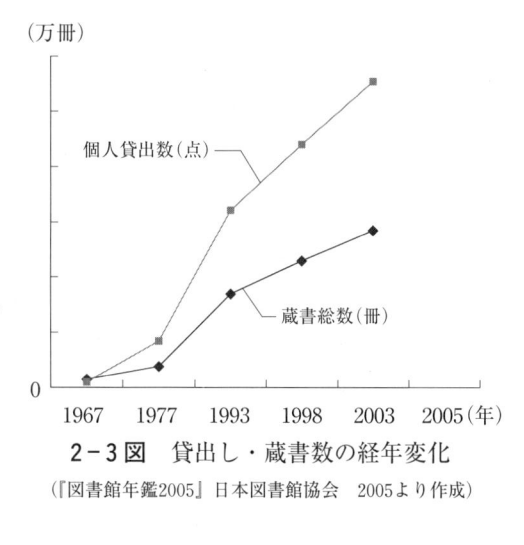

(万冊)

2－3図　貸出し・蔵書数の経年変化
(『図書館年鑑2005』日本図書館協会　2005より作成)

　この報告書を踏まえて，以後，貸出しを中心とする図書館サービスが公共図書館の目標となった。なお，貸出数を蔵書数で除した値，すなわち蔵書1冊あたりの年間貸出数を蔵書回転率という。その値を見ると，1967(昭和42)年は1を大きく下回る値であったが，10年後の1977(昭和52)年には2倍を超え，公共図書館が貸出サービス重視の取り組みを展開したことがうかがえる。なお，最近の蔵書回転率は1.9台の値を推移している。このような結果，出版業界や著作権団体から図書館の貸出サービスについて，少なくとも新刊本の一定期間の貸出し抑制などを要求する声も上がっている。

　今，公共図書館のサービスのあり方として，貸出し中心の図書館サービスから情報サービスを重視する図書館サービスへの転換が指摘されている。このことを反映して，公共図書館では，ビジネス支援が話題となり，ビジネス関係のレファレンス資料を備え，利用者の情報要求に対応するところが出てきている。確かに，調査研究目的での図書館利用者の場合には，特定のレファレンス資料を参照し，あるいは各種データベースを検索し，必要な事実や文献の入手を支援する情報サービスは重要である。しかし，調査研究は図書館利用目的の一つ

にすぎない。従来の図書館サービスが調査研究支援機能が十分ではなかったことから，情報サービス重視の姿勢を強調することに問題はないが，それによって貸出しという基本的なサービスを軽視してはならない。

b．方　法

　貸出対象となる資料は，レファレンス資料や貴重書を除く一般図書，視聴覚資料などである。貸出しにあたっては，貸出しを受ける利用者，貸出対象資料，貸出期間に関するデータが必要となる。

　貸出手続きにより，資料の貸出しに関するデータが作成され，OPAC（利用者用オンライン目録）のシステムにもその情報が入力される。これにより利用者は，OPACを使って検索された資料が現在貸出し中かどうかを確認することができる。

　貸出し希望の利用者には，返却期限がわかるようにし，貸出カードとともに資料を提供する。最近では，自動貸出機（2-4図）が登場し，利用者自身によって貸出手続きが可能になっているが，この場合もシステム上は人手を介しての貸出手続き同様に貸出しに関するデータの処理が行われている。貸出期間は約2週間としている図書館が多く，予約が入っていない場合には，1回に限って貸出期間を延長できるようにしている図書館も多い。

　返却は，図書館に来館してカウンターで返却する方法のほかに，サービス時間外でも返却ができるように図書館外に設置された返却ポストに入れるという方法もとられている。返却期限を過ぎても，利用者から当該資料が返却されない場合（延滞という）には，電話，はがき，電子メールなどの方法により督促の手続きがとられる。電話の場合には，本人であることを確認の上，資料名を伝え，返却を

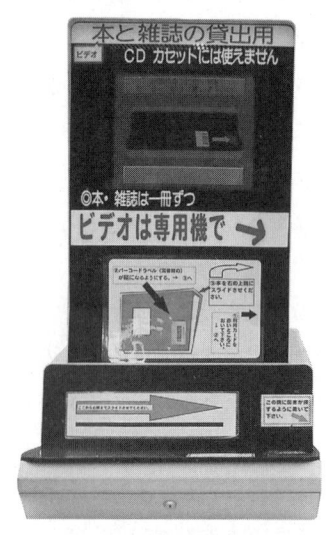

2-4図　自動貸出機
（さいたま市立東浦和図書館）

促す。はがきでは，資料名は記入せず，冊数のみを示し，返却を促す場合もある。督促をしても，資料が依然として返却されない場合には，貸出停止の措置をとるなど，何らかの罰則を課すことになる。また，返却された場合も1冊1日当たりの延滞金を決めておき，(冊数)×(延滞日数)による金額を罰則として課す図書館もある。

c. ブックモビルなどによる，遠隔地へのサービス

ブックモビル(自動車図書館)とは，自動車に図書館資料を積載し，サービス対象地域を巡回して貸出しを行うものである。サービス対象地域全域へのサービスには，中央図書館に加えて，分館の設置が重要な手段となるが，これらの図書館からも遠隔地に居住する住民へのサービスはこのブックモビルが重要な働きをしていた。しかし，最近では通信ネットワーク情報基盤を利用して，コンビニなどの商店と宅配便業者とを用いて遠隔地の利用者へ図書館サービスを提供する自治体が出現している。高齢者や障害者，乳幼児など，図書館への来館が容易でない利用者に対しては，図書館が利用者の元へ出向いてサービスが求められる。これをアウトリーチサービスという。アウトリーチサービスは，比較的，図書館の近隣に居住する利用者に対しても，来館に困難を伴う利用者にとっては不可欠のサービスといえる。このための手段としては，ブックモビルよりも巡回車や宅配便などの民間サービスの利用が主になっている。

(外観・外側の書架) （車内・内側の書架）

2-5図　ブックモビル

d．団体貸出し

　貸出しには，個人への貸出し以外に，団体への貸出しもある。地域の文庫や学校，公民館，保育所，福祉施設などが団体貸出しの対象となる。現在，団体貸出しの対象として重視されているのが，小学校や中学校である。学習指導要領（平成10年12月告示）では，主体的な学習，問題解決能力の育成が重要な教育目標となっている。こうした目標を実現するには，情報資料の探索・収集・選択の諸能力，すなわち情報リテラシーの獲得が必須であり，そのためには豊富な情報源を有する公共図書館による学校図書館支援サービスが不可欠である。教育委員会や各学校の担当者と協議の上，定期的に貸出し希望のあった資料を自動車に積んで，各学校を巡回し，資料を届けるとともに，貸出し中の資料の返却もその際に受け付けるなどのサービスが実施されている。

e．業務統計の重視と貸出記録の保護業務

　貸出しに関するデータは，図書館の蔵書利用業務統計上に最も重要かつ有効なデータである。すなわち，図書館がその目的達成のために有効な蔵書構築をはじめとするサービス計画を立案するためには，個々の貸出記録を累積して得られる蔵書利用統計が不可欠であり，その意味から貸出記録は図書館経営上，最も重要なデータである。

　一方で，個人の貸出記録はその個人のプライバシーに関わる情報であり，厳重に管理し，外部に漏れるようなことがあってはならない。日本図書館協会では利用者のプライバシー保護のために「貸出業務へのコンピュータ導入に伴う個人情報保護に関する基準」を策定している。そこでは，

　　　三　貸出記録のファイルと登録者のファイルとの連結は，資料管理上必要な場合のみとする。
　　　四　貸出記録は，資料が返却されたらできるだけすみやかに消去しなければならない。

と定められており，利用者の読書事実を示す資料の貸出記録に関する慎重な取り扱いの必要性が指摘されている。

　なお，この基準は『図書館の自由に関する宣言　1979年改訂』において指摘

されている「図書館は利用者の秘密を守る」を受けて制定されたものである。

貸出記録にかかわる利用者の個人情報の取り扱いについては，「行政機関の保有する電子計算機処理に係わる個人情報の保護に関する法律」に従い，電算機処理の受託業務に従事する者，貸出業務に従事する職員には，守秘義務があることを周知徹底する必要がある。特に，貸出業務は，定型化された業務として，非常勤の職員が担当する場合もあるため，個人情報保護の重要性を十分に認識の上，業務に従事するよう指導する必要がある。

（3） 予約リクエストサービス

利用者が求めている資料が図書館に存在しない場合に提供されるサービスが予約リクエストサービスである。求める資料が図書館にない状況は，2-1図に示したように，次の二通りがある。一つは，その資料は所蔵されているが，他の利用者に貸出中の場合である。もう一つは，そもそもその資料が所蔵されていない場合である。前者の場合には，他の利用者から当該資料が返却され次第，優先的に貸出しを受けられる予約サービスがある。後者の場合には，リクエストサービスを利用して利用者から当該資料の新規購入希望を提出してもらう。

リクエストサービスを通して提示された資料は直ちに購入されるわけではない。購入できない事例として次の3点が挙げられる。

① その資料がすでに絶版であり，入手困難であること
② 高額の資料のため図書予算の枠を超えること
③ 図書館の選書方針に照らして購入が不適当と判断される場合

これらのいずれかに該当するときは，その資料を所蔵している他の図書館を調査し，所蔵館が判明すれば，その図書館に貸出しを依頼することになる。

さて，予約の対象となった資料は，特定の資料に対する利用者の要求が一時期に集中したことを意味する。そこで，貸出数に占める予約件数を把握しておくことは，利用者の要求の集中度を知り，また予約サービスを評価する上で必要となる。その評価指標は予約貸出率として次の式により算出される。

$$予約貸出率 = 予約件数／貸出数$$

なお，平成15(2003)年の全国の市区町村立図書館の予約貸出率は0.047となっている。[1]

　資料利用については，蔵書の半分は一年に一度も貸し出されないという調査結果や，蔵書の2割で要求の8割を充足しているという一般的な状況が指摘されている。このことを考えるならば，予約対象資料は，利用者の要求を充足する蔵書の核となるべき資料であり，予約が継続して出てくる資料については，複本の購入などにより，アベイラビリティ・レート（P.31脚注参照）が一定水準以下に下がらないよう心がける必要がある。

　資料のリクエストは，利用者の要求がありながら，選書に漏れ，購入されなかった資料があったことを示している。利用者の要求を考慮して選書し，購入した資料が，一方で一年に一度も貸し出されないという事実が存在している状況においては，リクエストは今後の選書方針，選書方法の改善に結びつけるための重要な情報を提供するものといえる。

　ところで，リクエストは，確かに利用者の求める資料が図書館資料として購入されず，蔵書にない事態を表すが，利用が活発な図書館においてリクエストが増加する傾向も見られる。すなわち，蔵書回転率が高い図書館ほど，リクエスト件数も多くなる傾向にある。これは，図書館資料の利用に刺激され，新たな資料への要求が生じたと見ることができよう。しかし，図書館は利用者すべてのためにあることから，特定個人が繰り返しリクエストを出していないかどうか，特定グループのために乏しい図書館資料費が恣意的に使われていないかどうかをよく見きわめる必要がある。

（4）複写サービス

　複写サービスは，貸出しが制限されているレファレンス資料や雑誌などの図書館資料を利用する上で不可欠なサービスである。製本雑誌については，多くの図書館で貸出対象となるものの，実際に貸出しが必要になる例は少ない。利

---

1) 日本図書館協会図書館調査事業委員会編『日本の図書館　2003』日本図書館協会　2003.

用者は，雑誌に収載された特定の記事を利用することが多いため，該当記事を複写し，入手すればよいからである。レファレンス資料については，要求を満たす事項が記載されている部分の参照という利用形態をとるので，雑誌記事の場合と同様，利用者は該当部分を複写し，入手すればよいことになる。

複写サービスの提供にあたっては，「著作権法」を遵守しなければならない。「著作権法」第31条では，「図書館等における複製」を定めているが，それによれば，利用者に対する複写サービス提供の条件として次の点を挙げている。

① 利用者の求めに応じて複製を提供すること
② 調査研究目的での複製であること
③ 公表された著作の一部分であること（発行後相当期間を経過した定期刊行物に掲載された個々の記事についてはその全部）
④ 複製物は一人につき一部提供すること

複写サービスでは，雑誌記事の複写要求が多いが，「著作権法」の規定では最新号の雑誌の記事は複写することはできない点に注意する必要がある。図書館での複製を認める場合として，この他に，図書館資料の保存の必要がある場合，他の図書館の求めにより絶版などで入手困難な資料の場合を挙げている。

複写サービスにあたっては，利用者に文献複写申込用紙に所定の事項を記入してもらい，館内に設置されたコイン式あるいはカード式の複写機を使って利用者自身が複写するという形をとる場合が多い。その際には，上記の「著作権法」の規定を利用者に報知の上，許可する必要がある。なお，文献複写申込用紙に記載された利用者の複写記録についても，貸出記録と同様，利用者の秘密事項として，その取り扱いには細心の注意が必要である。

図書館資料の複写については，「著作権法」の改正（2004年1月施行）により，学校図書館における複写が大幅に緩和された。すなわち，著作者に許諾をとらずに利用できる範囲が次の4点に拡大された。

① コンピュータ教室等での児童・生徒等によるコピー
② 遠隔授業における教材等の送信
③ インターネット試験等での試験問題の送信

④ ボランティア等による拡大教科書の作成

特に，学校図書館とのかかわりでは，①の点が大きく関係する。これまでは，教員が授業で利用する場合にのみ認められていた図書館資料の複写が，授業を受ける児童・生徒にも可能になったことになる。教師の負担は軽減されたといえるが，一方で，児童・生徒の著作権に関する意識の低下が懸念される。

大学図書館においては，文献複写依頼サービスが活発に提供されている。大学図書館では，雑誌記事の入手に関する要求が非常に多いが，要求された記事を掲載している雑誌が自館に所蔵されていない場合には，それを所蔵している他大学の図書館に文献複写を依頼することになる。2-7図はこの他大学図書館への文献複写依頼サービスの過程を示したものである。

雑誌記事の入手要求を受け付けたら，その雑誌を自館で所蔵しているかどうかについて蔵書目録を検索して調査する。所蔵しているならば，その雑誌を利用者に提供し，複写サービスにより記事を入手するように案内する。

所蔵していない場合には，その雑誌を所蔵している大学図書館を調査するために『学術雑誌総合目録』を検索する。所蔵大学図書館が確認できたならば，その大学図書館に文献複写依頼を行う。文献複写を依頼された図書館は，所蔵の有無を改めて調査し，複写が可能であることを確認の上，その依頼を受理する。受付館は依頼された記事を複写し，依頼館に複写物を郵送する。依頼館は受付館から送付された複写物が依頼した記事であることを確認のうえ，利用者に届いた複写物を提供する。そ

2-6図 コイン式複写機
（さいたま市立東浦和図書館）

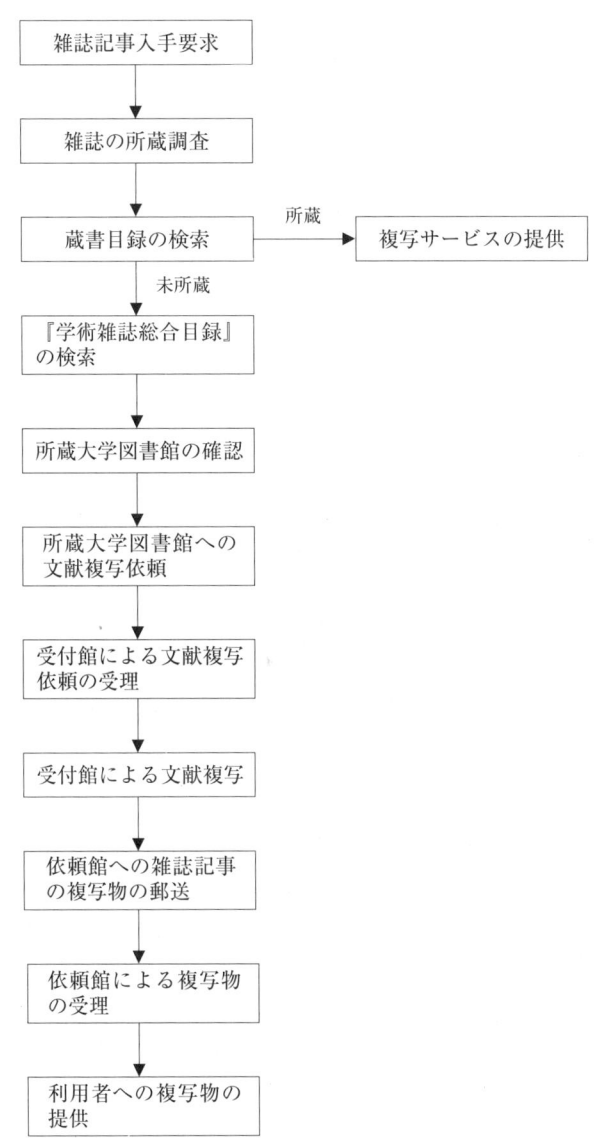

```
            雑誌記事入手要求
                   ↓
            雑誌の所蔵調査
                   ↓        所蔵
            蔵書目録の検索 ─────→ 複写サービスの提供
                   ↓ 未所蔵
            『学術雑誌総合目録』
            の検索
                   ↓
            所蔵大学図書館の確認
                   ↓
            所蔵大学図書館への
            文献複写依頼
                   ↓
            受付館による文献複写
            依頼の受理
                   ↓
            受付館による文献複写
                   ↓
            依頼館への雑誌記事
            の複写物の郵送
                   ↓
            依頼館による複写物
            の受理
                   ↓
            利用者への複写物の
            提供
```

2−7図 他大学図書館への文献複写依頼サービスの過程

の際，利用者が複写代金等を負担するのが一般的である。

このようにして，大学図書館では，文献複写依頼サービスを相互に行うことにより，未所蔵資料についても，利用者の文献入手を保証している。

3．情報サービス

情報サービスは，求める情報・知識やそれを記録した資料を入手するために，図書館員に支援を求めた利用者に対して提供されるサービスである。以下，各種の情報サービスについて取り上げる。

（1）レファレンスサービス

レファレンスサービスは，具体的な情報あるいは資料への要求を提示した利用者に対して，レファレンス資料を中心とする情報源を使って回答を提供するサービスである。ここで，レファレンス（reference）という用語は，情報源への「参照」を意味している。レファレンスサービスと称するのは，情報源を「参照」し，そこから得られる情報，あるいは資料を利用者に回答として提供するサービスだからである。したがって，図書館員の役割は，情報あるいは資料への要求をもつ利用者と求められた情報，あるいは資料を含む情報源とを仲介することにある。

レファレンスサービスは，利用者の要求を受け付け，回答を提供する直接的なサービス（質問回答サービス）と，回答に使用するレファレンス資料を収集し，維持する間接的なサービスとからなる。レファレンス資料は，辞書，事典，便覧，図鑑，名簿，統計資料などの事実検索用情報源と，書誌，索引，目録という文献検索用情報源からなる。間接的なサービスでは，これらのレファレンス資料を定期的に更新し，利用者の最新の要求にも対応できるレファレンスコレクションを形成することが重要である。

直接的なサービスでは，利用者から提示された要求を質問として受け付けるが，図書館員はその質問を明確に把握するために利用者に対して問いかけを行

う。この問いかけをレファレンスインタビューという。利用者が提示する質問は，案内指示的質問，即答質問，探索質問，調査質問，利用指導質問に分けられる。

案内指示的質問とは，資料の排架場所や図書館の各種サービスの案内を求めるような質問である。

即答質問とは，簡単な事実検索質問など，レファレンス資料を使って比較的簡単に回答できるような質問をいう。

探索質問は，ある主題に関する文献探索を必要とする質問である。

調査質問は，複数のレファレンス資料を使った文献調査を必要とする質問であり，回答を得るまでに多くの時間と労力を必要とするものである。

なお，探索質問や調査質問に対して，求められた主題に関する文献リストを作成する書誌サービスが提供される場合が多い。

レファレンスサービスにおける直接的なサービスのあり方として，指導（instruction）に特化する考え方と，情報提供を重視する考え方がある。どちらの考え方を優先するかは図書館の館種の違いが関係する。学校図書館や，大学図書館，特に学部学生を対象とする学習図書館では，指導の面を重視する。それに対して，専門図書館や大学図書館のうち，特に大学院生や教員を対象とする研究図書館では，情報提供機能が優先される。公共図書館や大学図書館においても，研究支援機能を有する図書館では，情報提供機能を重視する。

さて，利用者からの質問の受付方法には，来館して口頭で質問を受付ける方法以外に，電話，ファックス，郵送文書，電子メールがある。最近では，電子メールやホームページからも質問の受付を行う公共図書館，大学図書館が増えている。電子メールなど，電子的手段により質問を受付け，回答を提供する方法をデジタル・レファレンスサービスという。この方式では，利用者が来館することなく図書館に質問を提示することが可能であり，図書館側でもその場で直接回答する必要がないことから，来館者への対応に支障がない時間を使って回答を探索し，提供することが可能となる。

国立国会図書館では，2005年から本格稼動したレファレンス事例データベース形成事業を行っている。この事業は，各図書館がこれまで口頭ないし文書等

で受付け，処理したレファレンス事例をデータベース化し，参加図書館におけるレファレンス業務に活用してもらおうというものである。アメリカでは，LC（米国議会図書館）とOCLC[1]によるデジタル・レファレンスサービスとして，question pointというものがある。これは，インターネット上で利用者から受付けたレファレンス質問に対して，参加図書館が回答する方式をとるものである。回答する図書館は，所蔵する情報源やスタッフなどを考慮して参加図書館のなかから選定されることになる。

(2) 利用教育

利用教育は，図書館利用法や文献探索法について指導し，利用者の図書館利用能力の育成，文献探索技法の獲得を目的に実施されるものである。レファレンスサービスにおいても，利用指導を求めるような質問への回答を通して，利用教育に相当するサービスを提供しているといえる。レファレンスサービスがこのように利用者の質問を受けて提供される受動的なサービスであるのに対して，利用教育は，あらかじめその内容を企画，立案し，講習会やセミナーという場を設けて実施される点で能動的なサービスである。

利用教育，なかでも文献利用教育（bibliographic instruction）は，情報の探索，収集，選択，評価という一連の過程を扱うことから，多くの大学図書館で情報リテラシー教育の一環として実施されている。

(3) カレントアウェアネスサービス

このサービスは，特定の利用者を対象に，関心のある領域の最新の文献情報を提供するサービスであり，次の2種類のサービスがある。一つは，利用者に関心のある分野の新着雑誌の記事の目次情報を提供するコンテンツシートサービスである。もう一つは，利用者からあらかじめ情報要求を提示してもらい，それを検索式で表現した利用者プロファイルを登録し，その検索式を使って定

---

1) オハイオ州コロンバスに設立されたオンラインで書誌情報サービスを提供する非営利団体。

期的に文献データベースを検索した結果を提供するSDI (Selective Dissemination of Information) サービスである。

(4) 遡及(そきゅう)検索サービス

特定主題についての現代から過去へ，そのテーマの発展過程を遡る，遡及的かつ可能な限り網羅的に検索するサービスであり，目録や索引などの書誌ツールを駆使して行う。データベース化された書誌ツールを用いた機械検索には，パッケージ型データベースの検索とオンラインデータベース検索がある。後者は接続している時間によって課金されるので，検索に習熟していないと時間と共に課金額が多くなるため図書館員が利用者に代わって行う代行検索がある。検索結果の評価として再現率と精度[1]という尺度が用いられる。

(5) 読書相談

読書相談サービス (readers' advisory service) とは，読書への興味がありながら，読書対象資料の選択ができない利用者に対して，資料選択を支援し，資料の探索，入手を援助するサービスをいう。利用者は，通常，入手できた読書資料の貸出サービスを受け，館外利用することになるので，このサービスを貸出サービスの補完的サービスとしてとらえることもできる。

それに対して，利用者の読書興味を把握するために，図書館員が利用者にインタビューし，その利用の興味・関心に合った資料を選択することから，読書相談サービスをレファレンスサービスのなかに含めて考える場合もある。

読書相談サービスとかかわりのあるものに，読書療法 (bibliotherapy) がある。読書療法とは，「パーソナリティや行動などの精神的問題をもった患者の治療を目的に精選された読書材の利用」と定義される。[2] 読書療法は，読書が人間の行動に影響を与え，精神的障害に対して治療的価値をもっているという

---

1) 再現率 = $\dfrac{\text{検索された適合文献数}}{\text{適合文献総数}} \times 100$, 精度 = $\dfrac{\text{検索された適合文献数}}{\text{検索された文献総数}} \times 100$

2) 阪本一郎ほか編『現代読書指導事典』第一法規　1967.

前提に立っている。読書による治療の方法では，患者のパーソナリティや行動などの問題点を診断し，その治療のために最も適切な読書材が処方される。

読書療法の実施にあたっては，教師・両親・医師・カウンセラーなどの協力が重要である。図書館員は，精神科医の指導のもとに，読書指導と資料選択の専門家として，読書療法に必要な図書リストの編集や，読書指導，読書環境の整備などの役割を果たすことができる。

（6） その他の情報サービス

地域の住民やさまざまな集団を対象とする図書館サービスが新たに開発されている。最近注目を集めているビジネス支援サービス，行政支援サービスなどを取り上げることができるが，詳細は第5章で述べる。

4．集会・行事，広報活動

（1） 集会・行事活動

貸出し・閲覧をはじめとする資料提供サービスや情報サービスは，広い意味で，利用者の文化活動を支援するサービスであるが，図書館では，そうした基本的なサービスとは別に，利用者の文化活動のために集会行事を企画し，実施している。

「図書館法」では，第3条に図書館奉仕の規定があるが，その5において「読書会，研究会，鑑賞会，映写会，資料展示会等を主催し，及びその奨励を行うこと」とある。読書会や研究会などの集会活動は，利用者に資料への関心を呼び起こし，閲覧や貸出しという資料利用や，研究会で取り上げられたテーマをさらに探究するために情報サービスの活用につながる場合もある。また，上映会などの行事活動は，市民が図書館に足を運ぶ良い機会となる。

（2）広報活動

　図書館の広報活動は，利用者向け，設置母体向けにそれぞれ実施される。

　利用者向けの広報活動では，図書館サービスを各種の媒体を使って報知し，これまで図書館を利用したことのない人たち（潜在利用者）に図書館への関心を喚起し，図書館利用を促すことが目標とされる。広報活動に利用される媒体としては，公共図書館の場合には，市町村の広報誌などが挙げられる。また，市町村のホームページや，図書館のホームページも重要な広報媒体となる。先述した集会・行事活動も広い意味では広報活動の一環といえる。

　大学図書館では，学生向け，教員向け，学外者向けの広報活動を展開する必要がある。

　学生に対しては，利用案内が重要な広報活動となる。新入生向けに行われるオリエンテーションのなかに図書館利用に関する事項を含めるように教務関係部局と協議しておくことが必要である。

　教員向けには，シラバスに掲載された参考文献の優先的収集，指定図書制度の導入など，授業支援活動の案内が重要な広報活動となる。

　学外者向けには，受験者向けの大学広報誌，大学案内等に図書館の紹介を入れるなどの広報手段が考えられる。また，地域住民に対する図書館開放は，単に大学図書館の広報活動にとどまらず，大学の地域貢献の一環として，大学自体の広報活動に重要な役割を果たすものである。

　設置母体向けの広報活動では，図書館の予算や人事などの権限を有する部局に対して，図書館サービスの実績を説明し，設置母体の目標実現に貢献していることを理解してもらい，予算や人事面での図書館の要望を受け入れてもらうことが必要である。

　広報活動の媒体としては，一年間の各種サービス統計やサービス実績をまとめた図書館報，図書館サービスの各種の評価指標を算出し，他の図書館のそれと比較したサービス評価資料などが挙げられる。その他，利用者による図書館サービスへの評価や要望をまとめた資料の作成も重要である。

第3章　公共図書館におけるサービスの構造

1．公共図書館の協力・ネットワーク

　今日，図書館を取り巻く状況の変化はきわめて大きい。わが国における新刊図書点数はすでに2005年度で77,000点を超え，未だ増加の傾向にある。一方で資料費は削減傾向が続いており，また書庫スペース確保の問題も簡単には解決できない。さらには高度情報化社会にあって，利用者の資料・情報要求も年々専門性を増している。そうした中で，図書館が単館でその利用者のニーズに十分に応えることはますます困難になってきている。そこでさまざまな図書館協力・ネットワークが生まれてくることになる。

　公共図書館の協力・ネットワークに関しては，図書館の規模・機能などにより，第一線図書館，第二線図書館といった言い方をする場合がある。以下に，それらの概略を述べる。

（1）市区町村立図書館と都道府県立図書館の関係：第一線図書館と第二線図書館

　第一線図書館とは，住民と直接に接し，住民の求める資料・情報を提供し，サービスを行う図書館を指していわれるものであり，多くは市区町村立図書館のことをいう。利用者に密着したサービスを行う市区町村立図書館が代表的なものである。私たちが日常利用しているいわゆる「最寄りの公共図書館」をイメージするとわかりやすいであろう。図書館は住民の求めるあらゆる資料を迅速に提供する責任を有するが，上述のような出版物の激増などにより個々の市町村図書館では十分な資料を収集することは予算やスペースの関係から不可能となってきた。そのため，利用頻度の低い資料は他の図書館との相互貸借や，

本館，中央館，県立図書館，国立国会図書館などからの借り出しにより，住民に提供することが必要になってきた。

住民と直接に接し，サービスを提供する第一線図書館に対して，資料や情報の提供などを通して第一線図書館をバックアップする機能と役割を担う図書館を第二線図書館という。

第二線図書館は，住民にとって最も身近な自治体である市区町村による図書館サービス，すなわち第一線図書館の活動を背後から援助するために，いわば「図書館の図書館」として機能するものである。その代表的なものが都道府県立図書館である。このような第二線図書館をさらに背後から支えるものとして，国の中央図書館や第二線図書館の連合組織や図書館協会などの力も必要である。[1]

第一線図書館，第二線図書館という言葉はあくまでも図書館サービスの機能上の相対的な表現であり，たとえば県立図書館でも直接住民にサービスを行っているときには，第一線図書館として機能しているということができよう。

（2） 都道府県立図書館と市町村立図書館の協力

以下に，この両者間の協力関係を具体的にみてみよう。

第1章で述べた「公立図書館の設置および運営上の望ましい基準」では，都道府県立図書館の運営の基本として，「市町村立図書館に対する援助に努めるとともに，都道府県内の図書館間の連絡調整などの推進に努めるものとする」として，以下のような内容を挙げている。

① 資料の紹介，提供を行うこと
② 情報サービスに関する援助を行うこと
③ 図書館の資料を保存すること
④ 図書館運営の相談に応じること
⑤ 図書館の職員の研修に関し援助を行うこと

1） 図書館問題研究会編『図書館用語辞典』角川書店　1982.

また，特に両者のネットワークに関しては，次のように明記している。
> コンピュータ等の情報，通信機器や電子メディア等を利用して，市町村立図書館との間に情報ネットワークを構築し，情報の円滑な流通に努めるとともに，資料の搬送にも努めるものとする。

こうしたサービスを支えるためには，市町村立図書館などの要求に十分応えられる資料の整備，高度化・多様化する図書館サービスに資するための郷土資料その他の特定分野に関する資料の目録，索引の作成，編集および配布も重要な責務となってくる。また，図書館に対する住民の要求や図書館運営に関わる諸条件の調査・分析・把握，情報機器の購入を含めた検索機能の強化や効率的な資料の提供や，住民の利用促進の方法などの調査・研究開発に努めることも重要で，都道府県立図書館は以下のような事柄にも責任を有している。

① 市町村立図書館に対する援助に努めるとともに，都道府県内の図書館間の連絡調整などの推進に努める。特に，都道府県内の図書館サービスの充実のため，学校図書館，大学図書館，専門図書館，他の都道府県立図書館，国立国会図書館などとの連携・協力に努める。

② 図書館を設置していない市町村の求めに応じて，図書館の設置に関し必要な助言を行うよう努める。

③ 住民の直接的利用に対応する体制も整備する。

④ 図書館以外の社会教育施設や学校とも連携しながら，広域的な観点に立って住民の学習活動を支援する機能の充実に努める。

一方，市区町村立図書館としても，地域住民の資料・情報要求に応えるべく，基本参考図書・地域資料などを含めた基本的な資料構成に努め，いたずらに都道府県立図書館の資料を当てにすることは慎まなければならないのはいうまでもない。そのためにも，次に述べるように各種図書館間での不断の緊密な連絡調整が重要となってくる。

（3） 地域ネットワーク

図書館は住民の要求する資料を必ず提供するために，一自治体の図書館シス

テムを超えて，各市町村のシステムが相互に協力しあうことも必要である。

こうした地域ネットワークの形としては，近隣自治体の図書館同士が連携して，住民がどの図書館も利用できるようにすることが一般的である。その際に重要なことは先にも述べたが，利用者が要求する資料は，まずは自館で所蔵する努力をするということであろう。

自治体によっては，館外貸出しや対面朗読などの利用をその自治体の住民あるいは，その自治体内に勤務または通学している人々に限っている場合も多い。その場合の理由としては，以下のようなものが挙げられている。

① 公立図書館は各自治体の財源によって設置運営されているものなので，その自治体の住民に対するサービスを最優先して保証する責任を負っている。

② 利用資格から自治体の枠をはずすと，周辺の未設置自治体や図書館施設の整っていない自治体の利用者が押し寄せ，特定の館に過剰負担が生ずる。

しかし一方では，地域制限をせずに誰にでも貸し出すことが，かえって周辺市町村の刺激になって良いとする考え方もある。[1] 最終的には地域住民や利用者の声を勘案しながら，各自治体図書館において職員が十分に話し合って解決すべき問題である。

（4） 全国的ネットワーク

いわば横に広がる形の地域ネットワークに対して，縦につながる形で全国的ネットワークがある。

公共図書館の場合は，移動図書館 ― 分室 ― 分館 ― 本館 ― 中央館，といった，いわゆる公共図書館ネットワークが確立している。具体的には市区町村において，本館(中央館) ― 分館(地区館) のネットワークが形成され，都道府県では中央館としての都道府県立図書館の下に，都道府県立の専門・地区館や市区町村の図書館がネットワークを形成する。その頂点に国立国会図書館

---

1) 日本図書館協会図書館政策特別委員会編『公立図書館の任務と目標 解説』日本図書館協会 2000 p.51.

を位置づけることもできるだろう。また，ネットワークとしての各図書館のつながりは，単に資料の貸借やそれを前提にした共同・分担蔵書構築やレファレンスサービスの分担にとどまらない。全国書誌作成機関である国立国会図書館を中心とする書誌データの流通に基盤を置いた，書誌コントロールの力によるネットワークの側面も忘れてはならない。

（5） 図書館コンソーシアム

地域ネットワークに関しては，コンソーシアムという形で地域的ネットワークを実現している例が，特に大学図書館に多くみられる。

図書館コンソーシアムとは，図書館相互協力の一形態で，地域・主題分野・館種などで範囲を定め，加盟館の間で資源共有他を目的とした活動を行う図書館の公的連合組織をいう。協定を結んで，相互利用・貸借の推進から共同保存庫維持，電子情報提供サービスの共同契約までさまざまな活動を行っている。特に学術雑誌講読に関しては，図書館コンソーシアム結成により出版社に対して強い交渉力が得られる場合が多い。

アメリカでは，州単位で構成されているものには館種を超えた連携が多く，資源共有ネットワークとして機能している。また，地域性や行政的な問題と関係なくメンバー館の類似性によるものもある。いずれも資源共有ネットワークとして，ILL協定，OPAC共有化，利用者インターフェイス作成，物流システム構築を行い，さらに二次情報やフルテキストデータベースといった情報資源の共有も行っている。日本では1990年代から大学図書館を中心に図書館コンソーシアムが誕生している。しかしメンバー館同士の共通利用ネットワークとしての域を出ない場合や，電子ジャーナル共同契約といった部分的機能に限定されている場合が多い。

具体例としては，山手線沿線私立大学図書館コンソーシアム（2001年より個人貸出し開始。青山学院，学習院，国学院，東洋，法政，明治，明治学院，立教の各大学図書館で構成されている）や，多摩アカデミックコンソーシアム（1995年設立。カリキュラム面での相互乗り入れも含む連携。東京都多摩地区

の国立音楽，国際基督教，津田塾，東京経済，武蔵野美術の各大学で構成されている）などがある。

(6) 書誌ユーティリティ

書誌情報に関してみた場合，全国的な書誌情報ネットワークとして，書誌ユーティリティ（bibliographic utility）がある。書誌ユーティリティとは，多数の参加機関によるオンライン分担目録作業を目的として形成され組織である。図書館界に書誌情報を供給するという意味で，公益事業になぞらえてこう呼ばれている。

アメリカには，1971年にオンライン分担目録システムを稼動させたOCLC（P.44参照）やRLIN（研究図書館情報ネットワーク）などがある。わが国では，昭和61(1986)年設立の学術情報センター（現国立情報学研究所，NII: National Institute of Informatics）がこの機能を果たしている。分担目録作業と総合目録の形成を中心とし，相互貸借，目録の遡及変換などの図書館業務の支援や，データベース提供を行い，参加機関の業務軽減や標準化に寄与している。当初は国立大学を中心に進められていたが，その後，公共図書館も参加するようになってきた。現在ではインターネット上で，誰でもこの学術情報システムにアクセスして，目録情報を利用することが可能となっている。

2．館種を超えた図書館協力・ネットワーク

館種を超えた相互協力への努力は，すでに半世紀以上続けられてきたが，総合目録の不備や物流の難しさ，経費と人員の不足，さらには自館以外へのサービスを過剰とみなす考え方などによって定着が妨げられてきた。しかし，今日の技術の発達と図書館への導入，図書館の存在価値の検討，学習・研究活動の変化，さらには国際的な学術進歩のための知的資源共有の要求に支えられて，以下に述べるように，館種の壁を超えた相互協力が次第に行われるようになった。

（1） 学校図書館との連携・協力

　総合学習への対応やインターンシップ，現職教員の短期研修などを通して，「学校図書館と公共図書館との急速な接近」という状況が各地に生まれている。県立図書館から県立高等学校図書館の蔵書検索を可能にしたり，高等学校図書館の総合目録を作ったりする例も少なくない。

　公共図書館の資料を活用した教材作成への支援や資料提供は，学校図書館や司書教諭をパワーアップさせる効果をもつ。また，学校図書館に公共図書館から司書を派遣することも可能であろう。公共図書館の資料・情報を学校図書館でも活用できるよう，コンピュータネットワークの整備も進めるべきである。このような公共図書館と学校図書館との連携は地域の教育力を間違いなく高めるといってよいだろう。公共図書館にとっても，子どもの活字離れ現象に対処するためには，特に小学校・中学校との連携は重要である。学校や学級を訪問してブックトークや図書館利用の案内をしたり，学級単位で児童・生徒を図書館に招き，お話し・読み聞かせなど，さまざまな工夫を通して，子どもと本との出会いを作り出したりしているところも多い。

　また，次に述べるように，調べ学習や総合的な学習に関連し公共図書館が学校に対し，図書館の効果的な使い方を案内したり，学校図書館の蔵書目録を作って相互利用を図るなどの努力も行われている。

　1）「調べ学習」への支援　学校図書館の現状は資料数が少なく，多くは読み物主体の蔵書構成となっており，調べるための資料が絶対的に不足している。関連資料を提供することはもとより，コンピュータネットワークを通じて学校から公共図書館の資料検索や予約ができる環境を整える必要がある。また，人的支援体制も必要であり，そのためには公共図書館職員と学校教師や司書教諭・学校司書との日常的なかかわりが重要になってくる。

　2）「総合的な学習」への支援　2002年度からの新学習指導要領によって新設された「総合的な学習の時間」には，一律の指導内容や教科書がなく，各学校の創意工夫を発揮することが求められている。公共図書館の豊富な地域資

料は授業づくりの「地域教材」の開発・作成においてこの上ない財産となる。公共図書館は学校と一体となって地域教材作成に取り組むことが必要である。

3) 学校図書館への実務支援　「学校図書館法」の改正によって，12学級以上の学校に司書教諭が配置されることになっているが，その実態はいろいろな面でいまだ不十分といわざるを得ない。これらの司書教諭に対して，公共図書館は図書館運営面での実務支援を行うことが可能である。一方で，司書教諭の配置されない11学級以下の学校は全国のおよそ4割を占めるという状況もある。これらの学校に対しては，公共図書館から司書を一時的に派遣することも選択肢として考えられるであろう。[1]

(2)　大学図書館等との連携・協力

近年，大学図書館の地域開放が強く唱導され，地域住民にも資料の閲覧や貸出しを認めるところが相当数に及んでいる。インターネットでの蔵書検索や予約システムは各館のコンピュータシステム更新とともに広がりをみせて，横断検索への参加館も増加している。大学が所在する自治体の公共図書館との間で相互貸借や住民の利用について協定を結ぶケースも増えている。

最近の例としては，大分大学附属図書館と県立図書館が相互協力を開始し，平成15(2003)年4月からは大学側の学外便を利用して，両図書館の蔵書を互いの窓口で取り寄せることが可能となった。12月には両館を結ぶ横断検索システムが公開された。

大学図書館と公共図書館の相互協力では，それぞれの図書館間で，あるいは県内の大学図書館協会と公共図書館の協会との間で協定を締結し，各館がそれに参加するなど，いくつかのパターンがみられる。さらには地域の文化振興のために，公共図書館の技術的面での整備を支援し，あるいは資料提供をするという大学図書館もある。[2]

---

1) 日本図書館協会町村図書館活動推進委員会『図書館による町村ルネサンスLプラン』日本図書館協会　2001　p.18.
2) 日本図書館協会図書館年鑑編集委員会編『図書館年鑑2004』日本図書館協会　2004　p.14-15.

文部科学省が積極的に推進している大学図書館を中心とする全国的なネットワークとしては既述の学術情報システムがある。昭和61(1986)年に全国共同利用施設として設置された「学術情報センター」(2000年4月に国立情報学研究所に改組)を核とするわが国最大規模の情報ネットワークである。当初は大学など研究機関間の連携を促進するものとして整備されてきたが，平成5(1993)年からセンターにデータを提供しているかどうかにかかわらず，県立・指定都市立図書館も活用できるようになり，すでにいくつか公共図書館も加入している。公共図書館では不十分な大学図書館所蔵の専門資料の借り出しや複写依頼が主な内容となっている。

　こうした状況を踏まえて，公共図書館の側から自治体内，または近隣の大学図書館に対して資料提供などの協力を積極的に求めることで，自館の機能拡大を図ることも考えられる。

3．公共図書館サービスを支える構造

　すでに述べたとおり，公共図書館の第一の使命と目標は，利用者のさまざまな資料・情報要求に迅速・的確に応えることである。図書館現場ではその使命と目標を達成するために職員が一丸となって日夜努力を傾けている。第1章でも述べているとおり，図書館サービスには利用者と直接接触して展開されるパブリックサービスと，それを支えるためのテクニカルサービスがある。後者は主として図書館事務室内などで行われる業務が中心であり，一般利用者の目にはなかなか触れる機会が少ないものである。以下にそれらも含めた図書館業務に関して簡単に紹介する。

（1） 図書館の機能（収集・整理・保存・提供）の有機的関連・充実

a．資料収集

　利用者は初めて図書館を訪れたとき，館内いっぱいに並んでいる書架とそこに収納されている図書・資料の量に圧倒されるのではないだろうか。しかし す

3. 公共図書館サービスを支える構造　　57

ぐに慣れてしまい，図書館とはそういうものであり，それが当たり前の光景だとして，それ以上は深く考えないのが普通かもしれない。

しかし，図書館資料とは，たとえどのような大規模蔵書であっても，その一点一点が，図書館員によって厳しく吟味・精査される選書作業を通過して，はじめて図書館資料としての地位を獲得しているのである。選書にあたっては，各図書館の置かれたさまざまな条件を勘案した上で選書方針を打ち立て，それに基づいて資料収集が行われる。

その際には，「見計らい」という方法で，実際に書店から納入候補の資料を一定期間，図書館で預かり，現物を手にとって内容，装丁その他をチェックして決定する場合と，現物には直接触れずに各種出版情報などを参考にして購入を決定する場合とがある。決められた図書館資料購入費と，限られた図書館施設スペースの中で，的確な選書を行い，全体としてバランスのとれた資料構成を実現することは，想像以上に難しい仕事である。そのため，この仕事には通常，司書資格を有する専門職員が当たることが多い。

いずれにしても，利用者の資料・情報要求に合致したものであること，参考図書類などのように図書館サービスを実施する上で不可欠な資料であることなど，いわゆる「価値論」と「要求論」の両方を勘案しながら購入・受入の決定がなされている。決定後は所蔵資料の重複調査を経て，書店への発注・受入作業が行われる。

b．資料の組織化

書店から届いたばかりの図書その他資料は，そのままでは図書館資料としては通用しない。それが利用者の手に届くまでにはさまざまな処理が施される。

まず，分類・目録作業を行いその

3-1図　バーコードでデータ入力

データをOPACに入力し，利用者がその資料にアクセスしやすい環境を提供する。また，資料自体にも必要に応じて保護用カバーを施したり，返却期限票の貼付などの「装備」作業を行う。この際に重要なことは，分類・目録などは，その図書館の利用者の特性を考慮して，利用者にとって使いやすく，資料が探しやすいものでなければならないことである。いたずらに詳しすぎたり，逆に簡略すぎるものは避けるべきである。普段から利用者の探索動向を把握し，必要に応じて資料組織面での適切な修正措置をとることも必要であろう。

c．資料保存

組織業務が終了した資料は，多くの場合はその主題に基づいた分類記号の順に排架され，利用者が直接手にとって見ることができるようになる。資料は多く利用されればされるだけ，傷みの度合いも高まる。図書館職員は毎日の排架作業を通して，そうした状況や，資料が正しい場所に配置されているかなどに気を配る必要がある（これをシェルフリーディングという）。また日常的な利用に関する使いやすさの問題だけではなく，いわゆる酸性紙やその他種々の要因による図書館資料の劣化の問題にも対処する必要がある。保存に関しては特に，現在の利用者だけではなく，将来の利用者のことをも念頭において不断に対策を講ずる姿勢が重要である。

d．資料提供

貸出しやレファレンスに代表されるいわゆるパブリックサービスである。近代以降の公共図書館はその基盤を，利用者への資料・情報の提供においてきた。この提供サービスを十分に行うために上記の収集・整理・保存が存在するといっても過言ではない。公共図書館は文字どおり，老若男女すべての人々を対象にして，その資料・情報ニーズを満たさなければならない。そのためには，資料を知り，利用者を知り，その両者を結びつけるという図書館専門職員の熱意と技能が何よりも重要な要素となってくる。

提供サービスは，閲覧・貸出しに代表される資料提供サービスと，レファレンスサービスに代表される情報提供サービスとに大きく分けることができる。図書館の歴史からみると，書物が貴重品であった古い時代は保存が重要な機能

であった。その後，印刷術と紙の発明により書物が大量生産されるようになると，所蔵資料を整理する機能が発達した。さらに，その後書物が庶民の身近なものになり，公共図書館サービスが広まり貸出しが盛んになると，資料提供サービスが重要なサービスとして位置づけられるようになった。わが国でも1960年代以降，貸出し中心の図書館サービスが続いてきた。そして情報化時代といわれる今日では，従来の資料貸出サービスに加えて，情報提供サービスの重要性と比重が一段と大きくなっている。

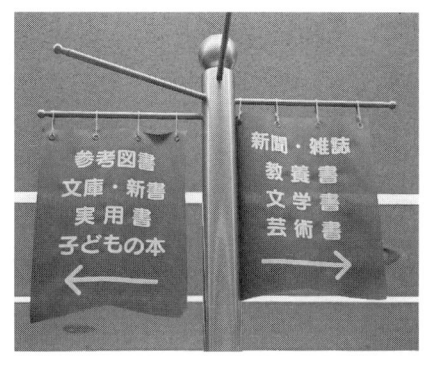

3-2図　サイン

しかし，パブリックサービスの基本としての閲覧サービスの重要性も減じてはいない。開架での自由接架方式により，利用者が蔵書に自由に接することができることは現代図書館サービスの基本である。このためには快適な閲覧環境を作り出す設備・調度（書架，閲覧机・椅子など）や適切なサインによる利用者の文献や図書館サービスへの誘導などに配慮しなければならない。いずれにしても，収集・整理・保存の各機能は提供機能を支えるものとして位置づけられ，全体として有機的な関連のもとに展開されることが最も重要であろう。

4．公共図書館サービスと図書館政策・図書館行政

（1）　図書館サービスの法的基盤

公共図書館サービスの基本となる法規は，「日本国憲法」「教育基本法」「社会教育法」と，それらの精神を具現化するものとして制定された「図書館法」である。憲法の中では，図書館や図書館サービスについて直接に言及されてはいないが，学習権・社会的生存権・知る権利・参政権など，基本的人権のいく

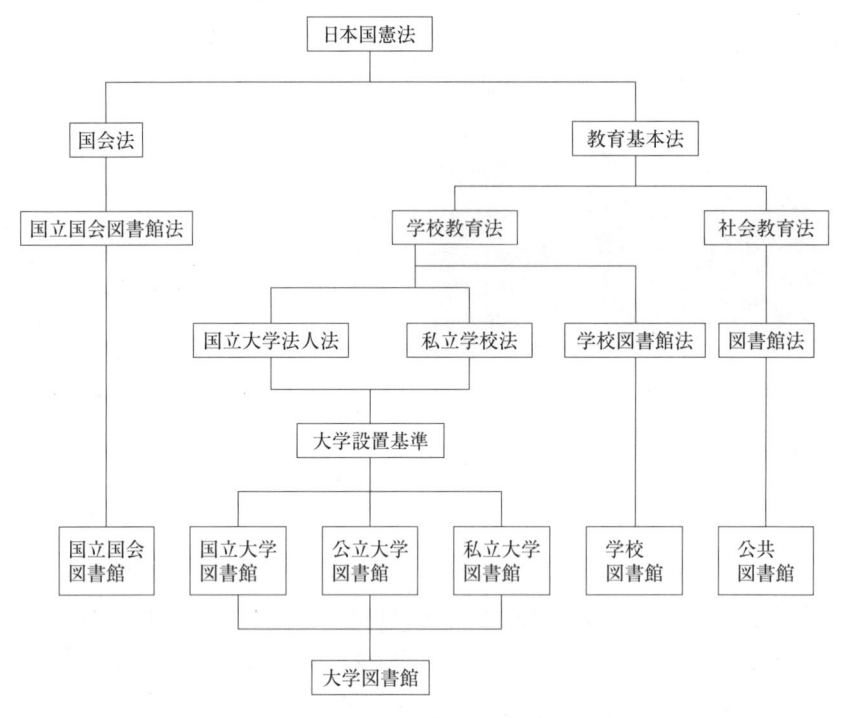

```
                        日本国憲法
                      ┌─────┴─────┐
                    国会法        教育基本法
                     │         ┌────┴────┐
                国立国会図書館法  学校教育法    社会教育法
                          ┌────┴────┐  ┌────┴────┐
                      国立大学法人法 私立学校法 学校図書館法 図書館法
                          └────┬────┘
                           大学設置基準
       ┌────────┬──────┬──────┬──────┬──────┐
    国立国会   国立大学  公立大学 私立大学   学校     公共
    図書館    図書館   図書館  図書館   図書館    図書館
              └──────┬──────┘
                  大学図書館
```

3-3図　図書館の法体系図

つかの条項は公共図書館におけるサービスの基盤と関係している。参考のために，公共図書館を含む各種図書館の法的体系を3-2図に示した。

　図書館サービスを行政的観点から考えると法律的事項が関係してくるが，そうした事項について規定し，時代に即応する公共図書館およびそのサービスのあり方を明示しようとすることがこの「図書館法」の目的である。具体的には図書館サービスの行われる基本的条件，たとえば，設置の手続き，職員組織，国庫補助，入館料などについて触れられている。

　特に，図書館サービスに関しては第3条を確認しておくことが重要である。図書館サービスは，「図書館奉仕」と表現され，図書館サービスを実施する場合の留意点が「図書館奉仕のため，土地の事情および一般公衆の希望にそい，更に学校教育を援助し得るように留意し……」と示されている。次に，8項目

にわたって，図書館サービスの具体的内容が列記されている。1，2は図書館の基本的機能である，資料収集・整理・提供，3は図書館職員の資質・能力と相談業務，4は他館種との図書館協力，5は分館などのネットワークを利用した貸出し，6はその他の各種サービスの展開，7はレファレンスサービス，8は他の類縁機関との連携協力について述べている。

　これらのサービス内容は，当然ながら「図書館法」が制定された時代背景を反映しているものである。時代の変化は常に，図書館に新しいサービスを要求してくる。その意味ではこれらは公共図書館サービスの内容例示として理解すべきであろう。しかし同時に，これらのサービスは基本的なものであり，時代の変化を超えて通用するものともいえよう。すなわち第3条の規定は公共図書館サービスの方向性を示しているということができよう。この規定の上にさらに，時代の要請に即した多様な図書館サービスが展開されなければならない。また，第4条から第6条にかけて，「図書館に置かれる専門的職員」としての司書及び司書補についても言及されている。さらに第13条では，図書館サービスに関して最も大きな責任を有する図書館長についても「館長は，館務を掌理し，所属職員を監督して，図書館奉仕の機能の達成に努めなければならない」と述べている。

　第14条では図書館協議会を取り上げ，地域のさまざまな人々から図書館サービスに関して助言や意見を受けることの重要性も示し，第17条では，公立図書館の無料の原則が示されている。これは「いつでもどこでも全ての人に全ての資料を」と謳われている公共図書館サービスの基本原則に，直接かかわるきわめて重要な規定である。しかしながら，昨今の急激な情報社会の下では，外部データベースを使用する有料オンライン情報検索の例のように，無料の原則から一部はみだしてしまっている状況も存在する。図書館サービスと直接関係する法規としては「図書館法」が主要なものであるが，その他にも図書館サービスを支えるものとして第1章で紹介したように，各種の基準や宣言，倫理綱領などが存在する。

(2) 図書館政策と図書館行政

また,図書館行政は図書館政策を現実の図書館の場において実現する過程であるが,専門職図書館員と議会議員や教育委員会委員の間には,図書館サービスに関して見解の相違が存在することも多い。公共図書館の制度的整備の前提は,各自治体の「図書館設置条例」であり,従来は設置運営の全責任は自治体にあるとみなされてきた。しかし近年では,各地で公共図書館の民間委託の例が出現し,「図書館法」や「図書館設置条例」で作られた条件が流動化・多様化している。特に,第1章でも述べた「PFI法」や「指定管理者制度」の影響が強まる今後においては,図書館の設置やそのあり方にまで及ぶ本格的な検討も避けられないだろう。

前述のように,自治体の図書館行政は教育委員会事務局の社会教育部門が担当している。自治体の図書館行政としては,公共図書館を設置して住民サービスを展開する基盤整備が中心課題となり,図書館サービスの将来構想を策定することが特に重要となる。その際の財政的裏づけ確保のためには首長や議会の支持が不可欠となる。また,住民の意見や要望を聴取し,理解を求めることも大切である。

さらに近年は,義務教育学校における図書館整備が重視されているので,学校教育部門との連絡調整も大切であり,社会教育と学校教育の枠を超えた図書館行政としての体制づくりも大きな課題といえよう。

図書館事業の展開は新規事業に向けた財源を確保するためには徹底的な政策研究と,この種の情報を共有する図書館界のシステムづくりが必要である。同時に,文部科学省や他省庁の政策に積極的に参入して,ロビー活動など政治の場での働きかけも行わなければならない。

図書館振興に向けた方策として,図書館がかかわる可能性をもつ国や県の政策(たとえば,IT講習,教育の情報化プロジェクト,子ども読書推進事業,わがまちづくり支援事業など)に図書館が積極的に参入していくことは重要である。そのためには各省庁や政党の政策について徹底的な分析や研究が必要で

ある。その一方で社会一般に対してもマスメディアやインターネットといったメディアを活用した広報を随時行い，図書館への社会的関心を高めていく必要がある。[1]

（3） 図書館業務の外部委託問題

昭和55(1980)年以降，公共図書館の運営を公社・財団などに委託するケースが少なからずみられるようになった。たとえば，広島県立図書館では平成15(2003)年4月から窓口業務を民間会社へ委託した。大阪府和泉市でも同年4月に開館したシティプラザ図書館の窓口業務をTRC（図書館流通センター）に委託した。東京23区でも平成15(2003)年現在，9区37館において窓口業務委託が行われている。こうした委託を行う際の理由としては，たとえば，人件費の縮減を中心とする自治体経営の減量化，民間活力の導入による事業の活性化，柔軟な運営の実現などが挙げられている。

これに対しては図書館界から反対の声も大きく，さまざまな形での意見表明がなされている。公立図書館サービスが住民の生活・職業・生存などと深くかかわる基本的な権利に属する事業であり，サービスの普遍性と将来にわたる発展の可能性を備えたものでなければならないという観点から，自治体自身が設置・運営に直接責任をもつべきものであるという主張も根強い。こうした委託に反対する立場からは，以下のような問題点が指摘されている。

① 直営なら，図書館業務は情報公開や住民監査の対象となるが，委託された場合には，図書館経営に住民の意思が反映しにくく，議会の監視も行き届きにくくなる。
② 予算の確保など事業の継続性に不安がある。利用者のプライバシーにかかわる守秘義務があいまいになる。
③ 将来にむけての事業の発展を支える職員の専門的力量を育成・蓄積していくことが困難である。

1） 日本図書館協会町村図書館活動推進委員会『図書館による町村ルネサンスLプラン21』日本図書館協会 2002 p.14.

このような中で平成15(2003)年6月に「地方自治法」の一部改正がなされ，いわゆる指定管理者制度が始まることになった。すなわち，民間営利企業やNPOに図書館の管理を代行させることが法制上可能となったのである。日本図書館協会は，同年5月に『よりよい図書館経営のために：図書館の業務委託を検討する視点』を刊行して，この問題に関する検討材料を提供している。一方，文部科学省は，「公立図書館のPFI事業化の可能性に関する調査研究」を実施し，具体的な課題検討を進めている。すでに，東京都稲城市をはじめ，PFIによる図書館建設計画がいくつか始まった。

　公共図書館だけではなく，大学図書館，学校図書館にも委託の動きがある。委託業務の内容も貸出しだけではなく，予約処理やレファレンスサービスにも広がり，中には図書館の管理運営全体を外部業者にまかせようという動きまでみられるようになってきた。以下に，外部委託の例として最近注目されているPFIと，指定管理者制度について簡単に説明する。

a．PFI

　PFI (Private Finance Initiative，民間資金主導) とは，「公共施設等の設計，建設，維持管理・運営を民間の資金，経営能力および技術的能力を活用して行う新しい公共事業の手法」である。[1] 資金回収は施設使用料金やサービス料から行うので，施設の収益性や建設・運営の効率化などが期待される。わが国では平成10(1998)年に「PFI推進法」が成立し，三重県桑名市や東京都稲城市など一部の公立図書館において導入が試みられている。PFIの導入効果を測る指標としてVFM (Value for Money：総事業費の縮減率) があるが，たとえば稲城市の場合は，PFI導入によって約20％のVFMが実現されたといわれている。

　この方式の特徴は，設計者，建設会社，運営会社，維持管理会社などからなる特別目的会社 (Special Purpose Company：SPC，稲城市の場合は，「いなぎ図書館サービス株式会社」を設立) という，一種のコンソーシアムが形成されて，それが直接の発注受け入れ先として機能すること，一般的に契約期間が15

1） 内閣府民間資金等活用事業推進室 (PFI推進室) http://www8.cao.go.jp/pfi/ (最終アクセス：2004年12月10日)

年，20年，30年などと長期間にわたることであろう。さらに，この間におけるリスクを官民でどのように負担するかが重要な問題となる。そのため，その契約書類には予測されるさまざまなケースを想定した内容で，膨大な量になる。図書館単独ではなく，公民館や文化施設との複合施設として建設される例が多い。

b．指定管理者制度

平成15(2003)年6月の「地方自治法」の一部を改正する法律によって，「法人その他の団体であって，当該普通地方公共団体が指定するもの（指定管理者）」に，公の施設の管理を行わせることができることとなった。この変更によって，指定管理者制度が始まることになった。改正前の規定では，公の施設の管理を委託出来るのは「普通地方公共団体が出資している法人で政令で定めるもの又は公共団体もしくは公共的団体」とされていた。上記の改正によって，民間営利企業やNPOに図書館の管理を代行させることが可能になったのである。

新公共経営政策（New Public Management）の手法を用いた民間資金や民間経営ノウハウの導入が行政の各部門で積極的に行われている現在，行政部門の末端に位置づけられている公共図書館もこの動きから逃れることは困難といえよう。

c．住民参加とボランティア活動

「公立図書館の設置及び運営上の望ましい基準」では，住民参加に該当する事項として，自己点検・評価における図書館協議会の協力とその結果の住民への公表，ボランティアの参加の促進，図書館協議会の設置と運営を挙げている。また，

> 国際化，情報化等社会の変化へ対応し，児童・青少年，高齢者，障害者等多様な利用者に対する新たな図書館サービスを展開していくため，必要な知識・技能等を有する者のボランティアとしての参加を一層促進するよう努めるものとする。

とあり，図書館ボランティアの参加促進を求めている。さらに次のように提言している。

そのため，希望者に活動の場等に関する情報の提供やボランティアの養成のための研修の実施など諸条件の整備に努めるものとする。

　文部科学省生涯学習政策局調査企画課による「平成14年度社会教育調査」によれば，公共図書館におけるボランティア登録制度のある図書館数は1,450館となっている。そのうち，都道府県立図書館が31館，市区立が782館，町立が588館，村立が41館である。また，団体登録制度のある図書館数は1,220館であり，登録団体数は3,103でその登録者数は48,096人である。個人登録制度のある図書館数は467館であり，その登録者数は11,261人である。2002年度に関しては，ボランティアの団体登録者，個人登録者を合わせると全体では59,357人となる。日本経済新聞における「やってみたいボランティア」のランキング（平成13年3月3日朝刊）においての図書館ボランティアが第1位に選ばれたことからも，そうした状況がうかがえる。こうした住民からの参加意欲は今後ますます高まるものと予測される。

　一般的に図書館側のボランティア活用の理由としては，以下のようなものが考えられる。

① ボランティアからの申し出があったため
② 職員の人手不足を補うため
③ 地域活動の手段となるため
④ 専門知識・技能の必要性のため
⑤ 図書館の事業を知ってもらうため

　また，活動の内容としては，

① 児童サービス（読み聞かせ，紙芝居，人形劇，ストーリーテリング，絵本づくり）
② 障害者サービス（録音テープの作成，対面朗読，点字図書の作成，拡大写本作成，手話奉仕）
③ 移動図書館の地域配本所における援助活動
④ 集会・行事活動（映写会，各種事業の会場整理）
⑤ 書架整理

⑥　破損図書の修理

などが挙げられる。

　また，今後は地域資料の発掘や収集，さらにはコンピュータ利用を支援する，いわゆる「情報ボランティア」といった領域へと広がっていくことが予想される。2003年度に実施された「図書館および図書館司書の実態に関する調査」によれば，都道府県立図書館では図書館業務に関するボランティア等の参加促進について，ほぼ半数の館で養成や登録制度を設けていた。市区町村立図書館では，ボランティアを養成している館は44.3%，登録制度を設けている館は33.8%であり，相対的には都道府県立図書館より低いが，人口規模と比例してその実施率は高くなっている。また，読み聞かせ・お話し会，対面朗読，学校への出張事業（特に市区町村立図書館）は，図書館ボランティアが担当していることが多いことがわかった。しかし，その他の担当業務の拡大や金銭的な支援については，都道府県，市区町村ともに実施されている館は少なかった。[1]

　多様な図書館活動の中にはボランティアの参加で内容が豊かになるものも少なくない。しかし，本来職員の手でなされるべき仕事をいたずらにボランティアらに依存することは，図書館サービスの発展を妨げることになる恐れがある。

　図書館活動にボランティアの参加を受け入れる場合には以下のような点を十分に押さえておくことが重要であろう。

①　図書館長が図書館運営について明確な方針をもっていること
②　図書館の基本方針，業務心得について研修を行うこと
③　参加の内容が，図書館の充実につながり，図書館を発展させるものであること
④　図書館員の通常の業務内容ではできない，もしくはそれ以上の効果があること
⑤　住民の自発的，意欲的な行為であること

1）「図書館及び図書館司書の実態に関する調査―日本の図書館はどこまで『望ましい基準』に近づいたか」　http://www.nier.go.jp/homepage/syakai/chosa/houkokusyomokuji.htm（最終アクセス：2004年12月10日）

ボランティアの基本はあくまでも，住民の側からの自発的，意欲的な行為であるので，図書館の側にどうしても日常業務に長期にわたって住民の参加を得なければならないような場合には，ボランティアではなく，少なくとも非常勤嘱託以上の身分の職員を確保することが必要である。図書館側の要員不足をボランティアで補うという考え方は基本的に認められないであろう。

　以上を踏まえた上で，ボランティアの自発性を尊重した新たな活動の場や資質向上のための研修が計画的に設定され，実施されることが望まれる。ボランティアは主体的な地域への貢献者として活躍するのであり，図書館側はこれを，生涯学習社会の目的でもある「社会参加」「自己実現」の実践の場の提供によって好意的に受け止めるべきであろう。その際には，ボランティアと専門的職員（司書）の役割分担を明確にし，適切な職員配置を計画する館長の経営能力と，およびそれを支える職員の知識とスキルとが求められることになる。[1]

1）　日本図書館協会町村図書館活動推進委員会　前掲書　p.14.

第4章　館種別図書館サービスと図書館協力

1．図書館の種類とサービスの特徴

　図書館の種類には，公共図書館，学校図書館，大学図書館，専門図書館がある。さらに，わが国の唯一の国立図書館として，国立国会図書館がある。こうした館種の違いは，4-1表に示したように，利用者，図書館利用目的（図書館に求められる機能），サービスの3点に関する特徴を反映している。以下，これら3点を中心に，各館種の図書館サービスの特徴について述べる。

（1）　公共図書館サービスの特徴

　公共図書館は，「図書館法」第2条に定められているように，一般公衆の教

4-1表　図書館の種類とサービスの特徴

館　種	利用者	目的	サービス
公共図書館	不特定（市民）	教養・娯楽	閲覧・貸出
		調査研究	情報サービス，複写サービス
学校図書館	特定（児童・生徒・教職員）	学習	貸出・閲覧・情報サービス
		読書	貸出・閲覧
大学図書館	特定（学生・教職員）	学習・教養	閲覧・貸出，複写サービス
		研究・教育	情報サービス，複写サービス
	不特定（地域住民）	学習・教養・調査研究	閲覧・貸出
専門図書館	特定または不特定	調査研究	情報サービス
		学習	閲覧・貸出
国立国会図書館	国会議員，国会関係者	調査研究	情報サービス
	行政及び司法の各部門	調査研究	情報サービス
	国民	調査研究・学習	閲覧，複写サービス，情報サービス

養，調査研究，レクリエーション（娯楽）等に資することを目的として設置された施設である。第2章で述べた公共図書館の各種のサービスは，これらの目的に応じて用意されたものである。教養，娯楽目的の利用者は，文学書をはじめ，さまざまな主題の図書の通読，視聴覚資料の利用が中心となる。図書の通読利用のためには，館外利用が必要となり，貸出サービスの提供が不可欠となる。また，視聴覚資料の利用については，再生機器・専用スペースなどの館内利用環境を準備するとともに，館外利用のために貸出しも必要となる。

調査研究目的の利用者は，専門資料，専門事典などのレファレンス資料の利用が中心となる。専門資料の利用には，専門図書の通読利用と雑誌記事の利用がある。専門図書の通読利用については貸出しが必要であることから，調査研究目的の利用者にも貸出サービスが重要であることに変わりはない。雑誌記事の利用については，必要な雑誌記事の検索，記事を入手するための複写が必要となる。特に，要求に適合した雑誌記事の検索のためには，検索戦略構築に関する知識が求められるため，レファレンスサービスとして図書館員による人的支援の提供が必要となる。また，調査研究に必要な事実・データの入手においても，適切なレファレンス資料の選択，検索語の選定など，事実・データの検索を支援するレファレンスサービスが必要である。

さて，公共図書館では電子図書館的サービスの導入が図られている。[1] 文部省地域電子図書館構想検討協力者会議は，生涯学習審議会の答申「新しい情報通信技術を活用した生涯学習の推進方策について」（2000年11月28日）を踏まえ，図書館の情報化の必要性を指摘した調査報告書「2005年の図書館像─地域電子図書館の実現に向けて─」（2000年12月）を発表した。ここで例示されている地域電子図書館機能は次の7点である。

① 自宅や職場から検索可能な「総合検索システム」の整備（県内の県立図書館，市町村立図書館，隣接市にある大学図書館などにおける図書，雑誌，視聴覚資料のみならず，デジタル資料及びデジタル化しホームページで公

1） 根本彰『続・情報基盤としての図書館』勁草書房　2004　p.125-189.

開している資料などの所蔵情報を，自宅や職場などから横断的に検索することができる「総合検索システム」の整備）
② デジタル媒体の図書館資料の収集・提供
③ 郷土の歴史や文化に関する資料や行政資料など，図書館で製作するデジタルコンテンツの提供
④ 商用オンラインデータベース等の「外部データベース」の提供
⑤ 電子メールを活用したレファレンス・サービス
⑥ 新着図書情報や図書館だよりのメールマガジンによる配信サービス
⑦ インターネットを活用した学習講座の配信

これらの機能のいくつかは，すでに一部の公共図書館で提供されているが，本格的な導入はいずれもこれからである。電子図書館機能の充実は，来館利用を必要としないサービスの提供を可能にする点で，『市民の図書館』（日本図書館協会）のなかで図書館サービスの目標として示された全域サービスを実現するものといえる。

さて，公共図書館がそれぞれ独自性を発揮する領域にはいくつかあるが，特に重要なものが，上記③の郷土資料，地域資料の収集と提供である。各公共図書館は，他の公共図書館には所蔵されていない独自の資料として，地域資料を積極的に収集し，提供するとともに，新たに地域の文化，歴史を記録し，資料として作成することが重要である。こうした地域資料のデジタル化とホームページ上での提供は，地元の利用者はもとより，広く圏外の利用者の利用も可能にする点で，今後の図書館サービスの重要な目標の一つとなる。

図書館サービスの情報化については，「公立図書館の設置及び運営上の望ましい基準」（文部科学省告示，平成13年7月）においても指摘されている。すなわち，市町村立図書館については，
① 電子資料の作成，収集及び提供，外部情報の入手に関するサービス
② インターネット等を活用した正確かつ迅速な検索システムの整備
③ 電子メール等の通信手段の活用や外部情報の利用にも配慮したレファレンス・サービスの充実

が挙げられている。なお，これらの事項については，都道府県立図書館にも準用されることになる。

(2) 大学図書館サービスの特徴

大学図書館では，学生および教職員の教育研究活動を支援するための種々の図書館サービスが提供されている。学生の学習を支援するためのサービスとしては，閲覧，貸出し，複写の各サービスが基本となる。さらに，利用案内や文献利用教育は，学生が主体的に学習するための基礎となる情報リテラシーの育成という観点からも，きわめて重要なサービスである。大学図書館では，新入生を対象に図書館のオリエンテーションを実施し，図書館の基本的な使い方を指導することになる。また，情報探索講習会や文献探索講習会など，専門領域における学術文献の探索法に関する指導も，授業担当者からの依頼により実施するほか，定期的に実施される場合もある。

学部生や大学院生，教職員の研究を支援するためのサービスとして重要となるのが情報サービスである。研究活動においては，特に学術論文の検索と入手が必要となるので，図書館にはそのための支援が求められることになる。具体的には，レファレンスサービス（検索質問の受付と回答の提供），各種の書誌データベース利用環境の整備，データベース検索法の指導，他大学図書館への文献複写依頼サービスなどが挙げられる。また，雑誌記事の全文が電子化されている電子ジャーナルの導入も重要である。電子ジャーナルとして刊行されている雑誌については，自館における文献複写が不要となるばかりか，他大学図書館への文献複写依頼も不要となるなど，導入の効果は大きい。しかしながら，契約・利用料金が高額のため，導入にあたっては，コンソーシアムを形成するなど，複数の図書館による共同利用方式が採用されている。

電子ジャーナルを含め，多くの文献データベースは，インターネット上で利用可能であり，比較的簡単に利用できるものが多い。しかし，求める文献を的確に検索するには，書誌データベースを検索するための戦略に関する知識・技術の習得が必要であり，インターネット環境下においても，依然として文献探

索講習会など，利用教育の組織的な実施が求められる。

さて，ここで大学図書館の法的根拠について見ておきたい。わが国では，大学における図書館の設置は，「大学設置基準」の第36条（校舎施設等）及び，第38条（図書等の資料及び図書館）において規定されている。

第36条では，校舎施設等が規定されているが，そのなかで，学生自習室などと並んで，図書館が明示されている。第38条では，図書等の資料及び図書館について規定されている。すなわち，

① 学部の種類，規模等に応じ，図書，学術雑誌，視聴覚資料その他の教育研究上必要な資料を，図書館を中心に系統的に備えること
② 情報の処理・提供システムの整備により学術情報の提供に努めること
③ 専門的職員の配置
④ 閲覧室・レファレンスルーム等を備えること
⑤ 学生の学習，教員の教育研究のために十分な座席数を備えること

の5点である。

なお，上記の第38条は，平成3 (1991)年に改正された大学設置基準に盛り込まれたものである。「大学設置基準」の一部改正する省令においての施行等について（通知）によれば，その改正の趣旨を次のように説明している。

第一に，個々の大学がその教育理念・目的に基づき，学術の進展や社会の要請に適切に対応しつつ，特色ある教育研究を展開し得るようにしたこと。

第二に，生涯学習の振興の観点から大学における学習機会の多様化を図り，大学の水準の維持向上のため自己点検・評価の実施を期待すること。

上記の「大学設置基準」の改正の趣旨にも指摘されている大学の自己点検・評価は，現在，大学において広く行われ，多くの大学から詳細な報告書が公表されている。平成4 (1992)年に大学基準協会より示された「大学の自己点検・評価の手引き」によれば，図書館については，質量ともに適切な水準の図書館資料の選定・収集，専門的職員（情報処理の専門職員を含む）の配置，図書館資料の多面的かつ迅速な検索，図書館の効果的利用を可能にすること，大学内の適切な位置に図書館施設を設置すること，他大学附属図書館・公立図書館と

の連携，などが点検・評価の際の視点として挙げられている。

　大学設置基準の改正趣旨に指摘されているように，現在，大学はその教育理念に応じて，特色ある教育研究を進めていくことが求められており，大学図書館もそれに貢献していく必要がある。国立大学図書館が提示した特色ある取り組みは，次の5点に分けられる。

　第一に，地域貢献の一層の促進など，地域に根差した取り組みである。その例として，茨城大学図書館による公共図書館等の特色ある郷土資料等の電子化支援，山梨大学附属図書館による大学図書館内に子ども図書室を設け，地域の子どもたちへの開放などが挙げられる。

　第二に，安全で安心できる社会の実現など，現代社会の課題に対応した取り組みである。その例として，神戸大学附属図書館による阪神・淡路大震災に関する資料の収集，データベース化などが挙げられる。

　第三に，資料の電子化とその活用に向けた付加価値のある情報発信の取り組みである。その例として，長崎大学附属図書館による幕末・明治期の日本古写真のデータベース化，情報発信への取り組みがある。

　第四に，教育研究環境の国際化に向けた蔵書目録の多言語対応への取り組みである。その例として，東京外国語大学附属図書館によるオリジナルスクリプト（原綴り）による多言語対応，アジア・アフリカ諸言語史資料の拠点の形成が挙げられる。[1]

　最後に，図書館利用環境の改善に向けた先進的な施設・設備導入への取り組みである。九州大学附属図書館では，民間企業と共同でICタグを使った図書館管理システム開発に取り組んでいる。

　文部科学省による平成15年度「大学図書館実態調査報告」によれば，8割の図書館が時間外開館を実施し，開館時間も着実に延長されており，特に国立大学の約4割が図書館・室の24時間開館を実施している。また，一般市民などへ

---

1) 文部科学省研究振興局情報課「国立大学図書館における特色ある取組について」（平成16年4月27日）http://www.mext.go.jp/b_menu/houdou/16/04/04042602/003/001.pdf（最終アクセス：2004年12月4日）

の公開は98.2%が実施し，ほぼ定着している。さらに，電子ジャーナルの購読が5年間で77.5倍になるなど，急加速している現状が明らかになっている。

（3） 学校図書館サービスの特徴

平成14(2002)年4月1日から，小学校，中学校において施行された学習指導要領のねらいは，完全学校週5日制のもと，各学校が「特色ある教育」を展開し，子どもたちに基礎的・基本的な内容を確実に身に付けさせ，自ら学び自ら考える力などの「生きる力」をはぐくむことにある。[1]

生きる力は，確かな学力（主体的に判断し，行動し，問題を解決する能力），豊かな人間性（自らを律しつつ，他人とともに協調し，他人を思いやる心や感動する心），健康・体力（たくましく生きるための健康や体力）から構成される。そこで，学校図書館は，この確かな学力，豊かな人間性を育む上で重要な役割を担うことになる。すなわち，問題解決能力の育成には，興味関心のあるテーマについて，その理解に必要な情報を集め，批判的に読解し，自らの知識として吸収していく学習方法を学ぶことが必要である。この学びかたを学ぶには，豊富な学習資料を備え，外部の学習情報源へのアクセス環境を備えた学校図書館の活用が不可欠である。そのうえで，特に授業担当教諭との連携を図りながら行う利用指導とそれに基づく情報リテラシーの育成は，司書教諭に課せられた重要な任務である。

また，豊かな人間性をはぐくむ上で読書はきわめて重要であり，学校図書館には，文学作品を中心とする読書資料の充実が何よりも必要となる。そのためには，図書館を快適な読書空間とする施設面の充実が求められ，また興味関心に応じた読書案内も重要である。

平成9(1997)年に改正された「学校図書館法」では，その第5条に司書教諭の配置を定めており，学級数が11以下の学校を除く学校においては，平成15(2003)年4月1日から司書教諭の配置が義務づけられている。この「学校図書

---

1) 文部科学省「確かな学力：新学習指導要領のねらいとポイント」http://www.mext.go.jp/a_menu/shotou/gakuryoku/index.htm （最終アクセス：2004年12月4日）

館法」の一部を改正する法律等の施行（通知）では，その改正の趣旨を，学校図書館には，その機能を発揮することにより，学校教育の改革を進めるための中核的な役割を担うことが期待されているとし，司書教諭の養成・発令を一層促進するためとしている。その学校図書館の機能とは次のとおりである。

① 児童生徒の自発的，主体的な学習活動を支援し，教育課程の展開に寄与する学習情報センターとしての機能
② 児童生徒の自由な読書活動を読書指導の場として，さらには創造力を培い学習に対する興味・関心等を呼び起こし豊かな心を育む読書センターとしての機能

このように，学校図書館は，学習指導要領がねらいとする生きる力をはぐくむ上で，中核的な役割を担うものである。こうした機能を発揮するには，司書教諭の配置だけでは十分でなく，司書教諭が兼務ではなく図書館の専任としてサービスにあたることが必要である。現在では，インターネットの導入により，学習情報として利用可能な情報源の範囲も広がり，学校規模による学校図書館間の格差は以前に比べ小さくなっている。しかし，インターネット上で得られる情報は信頼性，正確さなどの面において大きな問題があり，学校教育において利用すべき情報源は出版物を中心とすることが肝要である，との説が関係者の間で広がっている。それゆえ，インターネットの導入が進んでも，出版物を収集，組織し，提供する学校図書館の重要性はゆるがない。学校規模が大きく，学校図書館の充実が図られている場合でも，公共図書館に比べれば，学校図書館は蔵書数，図書館専門職の配置の面できわめて不十分である。それゆえ，学校図書館が単独で，児童・生徒，さらには教職員の多様な情報資料要求や読書要求に応えることは困難であり，近隣の公共図書館との密接な連携協力を図り，不足する情報資料を補完することが必要である。

（4） 専門図書館サービスの特徴

専門図書館とは，『図書館用語集　三訂版』（日本図書館協会，2003）によれば，「特定の専門主題領域の資料を収集・整理・保管して，その専門領域の利

用者に供する図書館」である。このように，専門図書館は，特定主題の専門資料を必要とする利用者を対象にし，その利用者の利用目的は調査研究，あるいは学習が主となるため，専門図書館のサービスの重点は情報サービスに置かれることになる。

専門図書館は大きく八つの種類に分けられる[1]。

① 議会図書館……国立国会図書館，地方議会図書室
② 裁判所図書館……最高裁判所図書館
③ 行政官庁図書館……国立国会図書館支部図書館
④ 公的機関・公益法人図書館
⑤ 営利企業内図書館
⑥ 民間団体図書館……その団体固有の業務上の必要から設置された図書館で，会員等へのサービスも提供。
⑦ 調査・研究機関図書館……シンクタンクに代表される高度な情報サービス提供機関。
⑧ 大学附設機関の図書館

このように専門図書館は多岐にわたるが，共通している点は，専門主題の資料を対象とし，利用者の調査研究を支援する点である。このことから，上記⑧に示したように大学図書館も専門図書館としてとらえることもでき，また専門資料を所蔵する公共図書館は専門図書館と見ることもできる。なお，受刑者のための刑務所図書館，病院図書館など，特殊な人々をサービス対象とする図書館を特殊図書館というが，専門図書館に一括してとらえる場合もある。

専門図書館協議会によるわが国の専門情報機関を対象とした調査[2]によれば，機関種別の割合は 4-2 表のようである。また，座席数を見ると，4分の3弱の機関が40席以下で，10席以下が4割を占めるなど，小規模な機関が多いことがわかる。

---

1) 日本図書館協会図書館ハンドブック編集委員会編『図書館ハンドブック　第5版』日本図書館協会　1990　p. 361-367.
2) 専門図書館協議会「専門情報機関の現状」http://www.jsla.or.jp/genjou/index.html（最終アクセス：2004年12月4日）

4-2表 専門情報機関種別の割合

種 別	割合(%)
国・政府機関・公益企業体	10
地方議会・地方自治体	16
公共図書館	6
大学・付置研究所	24
学会・協会・団体	12
民間企業体	19
美術館・博物館	12
その他	1

4-3表 専門情報機関の提供サービス

サービス内容	割合(%)
レファレンスサービス	79.2
受入資料案内	69.8
コンテンツシートサービス	24.0
特殊主題文献目録	13.6
SDIサービス	9.3
クリッピング	8.7

（4-2表, 4-3表ともに,「専門情報機関の現状」専門図書館協議会 2004より作成）

さらに提供しているサービスについて見ると, レファレンスサービスを中心に各種の情報サービスが提供されている（4-3表）。

よく利用している外部サービス機関としては, 国立国会図書館が21%, 大学図書館が21%, 公共図書館が14%となっており, 国立国会図書館と大学図書館については4割の機関が利用している。このように, 専門図書館は小規模なものが多いため, 利用者の情報資料要求に対応するには, 他の図書館との連携協力が不可欠となる。

(5) 国立国会図書館の活動

国立国会図書館は, わが国における唯一の国立図書館であり,「国立国会図書館法」により昭和23(1948)年に設立されている。その第2条では国立国会図書館の目的を「図書及びその他の図書館資料を蒐集し, 国会議員の職務の遂行に資するとともに, 行政及び司法の各部門に対し, 更に日本国民に対し, この法律に規定する図書館奉仕を提供する」と定めている。

国立国会図書館は,「国立国会図書館法」の第24条, 第25条に定められた納本制度により, 日本国内で刊行される出版物を網羅的に収集しており, 収集された出版物は,「日本全国書誌」に掲載し, ① 国会（国会議員, 国会関係者）, ② 行政及び司法の各部門（政府各省庁及び最高裁判所）, ③ 国民（一般利用

者，公立その他の図書館，地方議会等）に対してサービスを提供している。

　平成14(2002)年10月には，国立国会図書館関西館が設立されている。関西館では，総合目録の構築・運営，図書館情報学研究と図書館員研修，障害者図書館サービス協力事業，また電子図書館システムの開発・運営・調査などの事業を進めている。平成14(2002)年5月には，国際子ども図書館が全面開館し，児童書専門図書館として，国内外の児童図書館との連携協力を図りながら，子どもの読書機会を提供するとともに，子どもの出版文化の調査研究支援を展開している。

　国立国会図書館では，「国立国会図書館ビジョン2004」においてサービスの重点目標として次の4点を掲げ，その実現を目指している。

　第一に立法補佐機能の強化である。ここでは，立法活動における調査・情報サービスの高度化，国会に対する電子的な情報発信の強化が挙げられている。

　第二にデジタル・アーカイブの構築である。電子情報に対して，紙の媒体の出版物と同様の役割を果たすべく，その蓄積・提供に取り組もうとするものである。特に，電子ジャーナルの増加などにより，従来の資料の収集・蓄積の概念，手法は大きく変化してきており，電子ジャーナルを含め，インターネット上で提供されている情報資源の収集・保存（ウエッブ・アーカイビング），提供は，国立国会図書館にとって緊急かつ枢要の課題である。

　第三に情報資源へのアクセスの向上である。ここでは，開館日・開館時間の拡大，電子ジャーナルの提供サービスの拡大，インターネットによる文献複写申し込みと郵送による文献配布，電子情報環境に対応した科学技術基盤の整備が挙げられている。

　第四に協力事業の推進である。ここでは，内外の図書館，関係機関との連携協力，都道府県立・政令指定都市立図書館の総合目録データベースの形成などが挙げられている。

　また，平成16(2004)年2月に策定された「電子図書館中期計画2004」では，今後の電子図書館サービスの目標として，次の2点を掲げている。

　① 国のデジタル・アーカイブの重要な拠点となること

② 日本のデジタル情報全体へのナビゲーションの総合サイトの構築

①のデジタル・アーカイブ構築において特に重要な項目は，オンライン系情報資源の収集である。電子ジャーナルに代表されるように従来の出版物に相当する情報源の多くが，インターネットで提供されるようになると，国立国会図書館にはそれらの情報源についても当然ながら収集・保存の責務がある。問題なのは，膨大なインターネット上の情報源から収集・保存の対象とするものをいかに選択，発見するかである。選択基準は，基本的に紙媒体の出版物が有する公的知識，知的典拠となり得るものという基準であることに変わりはない。しかし，実際にどの範囲を公的知識，知的典拠と見なすかを定めることは難しい。さらに，それ以前の問題として，消滅，改変を繰り返すインターネット上の情報源の同一性をいかに把握するかである。オンライン・デポジットのなかで指摘されているように，機械的に収集が困難なものや，構成書誌単位の対象となるような著作単位をいかに認定し，取り扱うべきか，また，紙媒体では問題とならなかった物理単位と書誌単位との境界も曖昧であるなど，重要な問題が山積している。

2．図書館協力

(1) 図書館協力の意義と必要性

図書館協力とは，『図書館用語集 三訂版』（日本図書館協会，2003）によれば，「2館以上の図書館が個々の館のサービス改善や経費節減を目的として行う図書館業務についての公的な協力活動」と定義されている。[1]ここでいう2館以上の図書館とは，設置者が異なる図書館であって，公共図書館と大学図書館，公共図書館と学校図書館，設置母体の自治体が異なる公共図書館を指すことになる。したがって，たとえば，大学の中央図書館と学部図書館との協力は図書

---

1) 『図書館用語集 三訂版』では，「相互協力」という用語が使用されている。

館協力とは呼ばない。

　協力の範囲は図書館サービスの全般にわたる。すなわち，資料の収集・保存，組織，提供の各段階で図書館協力が行われる。収集・保存の段階では，資料分担収集，分担保存，組織化の段階では，オンライン分担目録作業，提供の段階では，相互貸借，文献複写依頼・受付，協力レファレンスが挙げられる。このように，図書館協力は，各図書館が有する資料，職員，施設，サービスという資源を図書館間で共有し，利用者サービスの向上に努めようという資源共有（resource sharing）の理念に基づいた図書館サービスなのである。

　図書館協力が必要となる背景としては，資料の増大，利用者の情報資料要求の多様化と高度化の2点がある。学問研究活動の活発化，生涯学習社会における市民の学習意欲の高まりや教養娯楽目的からの読書への強い関心は，資料の生産に拍車をかけている。こうした資料の増大は，もはや一つの図書館で収集できる範囲を大きく超えており，必然的に，所蔵していない資料を他の図書館に依存する状態が生じてくる。一方で，利用者の情報資料への要求は個々の利用者の興味・関心を反映して多様化しており，また，調査研究目的から生じる要求は複雑化，高度化している。このように，一つの図書館が所蔵できる資料の限界，および専門的な情報資料への要求に対応できる資料規模さらには専門職員の不足の問題などにより，個々の図書館単独で利用者サービスを提供することはもはや困難であり，図書館協力なしに，今日の図書館サービスは存在しえないとすらいえる。

　さて，図書館協力については，「図書館法」の第3条4項において次のように規定されている。「他の図書館，国立国会図書館，地方公共団体の議会に附置する図書室及び学校に附属する図書館又は図書室と緊密に連絡し，協力し，相互貸借を行うこと」

　ここで他の図書館とは，公共図書館を指し，学校には小学校，中学校，高等学校，大学が含まれる。この規定にもかかわらず，現状では，公共図書館相互の協力も近隣の図書館相互に限定されており，また公共図書館による小学校・中学校・高等学校図書館への支援も一部の自治体を除き，今なお不十分な状況

である。大学図書館との協力についても一部の地域を除いて，積極的な取り組みの事例は少ない。

「公立図書館の設置及び運営上の望ましい基準」においても，総則の(5)において，他の図書館及びその他関係機関との連携協力について指摘されている。その他関係機関としては，公民館，博物館等の社会教育施設，官公署，民間の調査研究施設等が挙げられている。都道府県立図書館については，同基準三の(2)において市町村立図書館への援助，同(3)において市町村立図書館とのネットワークの必要性が指摘されている。さらに同(4)では，都道府県立図書館による図書館間の連絡調整が規定されており，そこでは，都道府県内の図書館の相互協力の促進，および都道府県内の図書館サービスの充実のため，館種の異なる図書館との連携協力について指摘されている。

（2） 図書館相互協力の実際

a．大学図書館間の協力

昭和61(1986)年に設置された学術情報センター（現，国立情報学研究所）は，その前身である東京大学文献情報センター時代の昭和59(1984)年に全国の大学図書館が参加したオンライン共同分担目録システム（NACSIS-CAT）による目録所在情報サービスを開始している。このシステムにより，大学図書館は自館が収集した図書・雑誌の目録をJAPAN MARCやUSMARCなどの参照MARCを利用するか，またはすでに他の図書館が作成した目録を流用する方法により，自館の蔵書目録を作成することが可能となり，同時に総合目録の構築に貢献することになった。2003年度のNACSIS-CATへの参加機関数は1,026であり，2004年11月29日現在の総合目録における図書の書誌レコード件数は676万件にのぼり，所蔵レコード件数は7499万件となっている。

この総合目録データベースの形成により，特定の図書，雑誌の所蔵大学図書館が容易に確認できることから，資料の相互貸借，文献複写の依頼・受付が円滑に進められることになる。資料の相互貸借，文献複写利用業務を扱うシステムがNACSIS-ILLである。参加館の2003年の文献複写依頼レコード数は106万

件，貸借依頼レコード件数は91,000件にのぼっている。

　このように，国立情報学研究所が書誌ユーティリティとして大学図書館のサービスに果たす役割は大きい。NACSIS-CATというオンライン分担目録システムは，参照MARCおよび各参加館が作成した目録レコードという書誌情報資源，および参加館の目録作成者の技術・知識という人的資源の共有を可能にした巨大な相互協力のシステムなのである。

　ところで，図書館相互協力の形態として分担収集があるが，わが国では，国立大学図書館において外国雑誌の分担収集が行われている。対象は，希少な雑誌，創刊雑誌であり，分野別に集中して収集する大学図書館が決められている。医学・生物学系は大阪大学附属図書館，九州大学附属図書館，東北大学附属図書館が担当し，理工学系は東京工業大学附属図書館，京都大学附属図書館が担当している。また，農学系については，東京大学農学生命図書館，鹿児島大学附属図書館が担当し，人文・社会科学系は一橋大学附属図書館，神戸大学附属図書館の担当となっている。これらの大学附属図書館における2001年度の収集タイトル総数は8,171にのぼっている。収集されている雑誌は上記のNACSIS-CATによりその目録が作成され，NACSIS-ILLにより参加館は文献複写依頼が可能となる。

　さて，図書館サービスの全般にわたって図書館相互協力を実施している例として，山手線沿線私立大学図書館コンソーシアムがある。参加館は，青山学院，学習院，国学院，東洋，法政，明治，明治学院，立教の各大学図書館である。加盟図書館は，入館利用，図書の貸出し，新聞雑誌の分担収集，収書情報の提供，職員の合同研修・研修職員の受入れなど，多岐にわたる事項について協力関係を構築している。

b．公共図書館

　公共図書館間の全国的な相互協力の事例として，国立国会図書館による総合目録ネットワークがある。この総合目録ネットワークは，国立国会図書館と都道府県立，政令指定都市立図書館が所蔵する和図書の総合目録データベースの構築を目指している。2004年11月現在のデータ提供館は50館，参加館はデータ

提供館を含む公共図書館926館となっている。

地域内公共図書館協力の事例としては，東京都多摩地域市町村立図書館相互協力や，入間東部地区公共図書館の相互利用などが挙げられる。入間東部地区の協定では，予約リクエストサービス，レファレンスを含む利用者サービス全般にわたっている。

c．異なる館種の図書館間の協力

1）大学図書館と公共図書館 異なる館種相互の協力の事例としては，相模原市内大学図書館と相模原市立図書館との相互協力が挙げられる。その内容は，閲覧，相互貸借，文献複写，レファレンスが含まれている。また，長崎県内の大学図書館と長崎県公共図書館協議会との間で相互協力協定が結ばれ，協力の内容は，文献複写，現物貸借，レファレンスなどである。その他，多くの大学図書館と公共図書館との間で相互協力協定が結ばれている。

2）公共図書館と学校図書館 文部科学省は，平成16(2004)年度の新規拡充事業として，新学習指導要領のねらいである確かな学力の向上と豊かな心の育成という政策目標を掲げ，そのなかで「学校図書館資源共有ネットワーク推進事業」を取り上げている。それによれば，地域内の学校図書館や公共図書館等の蔵書の共同利用を促進し，自校にない本を活用した読書活動や調べ学習の充実，教育実践の共有化，資源共有化の成果の普及を図る事業としている。

こうした文部科学省による本格的な取り組みとともに，すでに幾つかの公共図書館によって学校図書館を支援する実践活動が展開されている。千葉県市川市では，市内全校の学校図書館司書と中央図書館のこども図書館の司書，市教育センターの担当者が登録しているメーリングリストを用意し，そこに授業に使いたい資料の「リクエスト」を受け付ける仕組みを設けている。リクエストには，教科・学年や単元名，貸出希望期間，授業担当者，実践したい授業内容が書かれており，担当者は自分の図書館にある資料のうち役に立ちそうなものを選び出し，各学校を週2回巡回している民間配送業者に渡すという，学校図書館支援サービスを実施している。[1]

また，さいたま市図書館[2]では，学校図書館支援センターを設置し，浦和エ

リアの公共図書館4館による学校図書館支援サービスを実施している。主な業務内容は，教科関連資料を中心にした資料の収集貸出，レファレンス，資料リストの作成，図書館訪問・職場体験学習，学校図書館司書の研修などからなる。

3．図書館サービスと図書館の類縁機関

　図書館は，利用者の要求に対して，出版物を中心とする所蔵情報源では回答できない場合，類縁機関や専門機関を案内または紹介（または，情報を照会）するというレフェラルサービスを提供している。また，学習情報提供サービスや地域情報提供サービスなどの伸展的情報サービスにおいても，類縁機関や各種の専門機関を情報源として紹介（または，情報を照会）することになる。このように，利用者の多様な要求に対応するためには，類縁機関や各種の専門機関との連携協力が不可欠である。

　公共図書館の類縁機関には，「社会教育法」が定める社会教育のための機関である公民館，博物館がある。また，図書館が出版物を主要な情報源とするのに対して，古文書や行政機関が職務上，作成した文書など，出版物以外の文書を情報源として管理し，サービスを提供する文書館も図書館の類縁機関として挙げられる。特に，公文書館と図書館とは，「行政機関の保有する情報の公開に関する法律（情報公開法）」(1999)の施行により，相互補完的な役割が求められることになり，その関係はより密接なものになっている。以下，社会教育施設である公民館・博物館，および文書館と図書館のサービスとのかかわりについて述べる。

（1）　公民館・博物館と図書館サービス

　公民館，博物館は図書館とともに，「社会教育法」が定める社会教育機関で

前頁1）　朝日新聞「IT時代の図書館」http://www.asahi.com/information/db/it_library3.html
　　　　　　　　　　　　　　　　　　　　　　（最終アクセス：2004年12月4日）
前頁2）　さいたま市図書館「学校図書館支援センター」http://www.lib1.city.saitama.jp/homepage/sien/（最終アクセス：2004年12月4日）

ある。第2条では，社会教育を，学校の教育課程として行われる教育活動を除き，主として青少年及び成人に対して行われる組織的教育活動と定義している。また，第20条によれば，公民館の目的は地域住民の教養の向上，健康の増進，情操の純化を図り，生活文化の振興，社会福祉の増進に寄与することにある。

一方，博物館は，「博物館法」第2条により，「歴史，芸術，民俗，産業，自然科学等に関する資料を収集，保管，展示し，一般公衆の利用に供し，その教養，調査研究，レクリエーション等に資するための事業を行う機関」と定義されている。博物館が収集，保管する資料を博物館資料といい，実物，標本，模写，模型，文献等が挙げられる。

社会教育機関である公共図書館，公民館，博物館が社会教育事業をどのように分担あるいは連携協力するかを見ていきたい。4-1図は，文部科学省が平成16(2004)年度概算要求における新規事業として発表した「社会教育活性化21世紀プラン」の概要である。[1] 同プランでは，これからの社会教育機関に求められる機能について次のように述べている。すなわち，21世紀の大きな課題である少子高齢化，高度情報化，地方分権化等に対応するために，社会教育施設を中核とし，他部局，他機関等との連携によりさまざまな支援機能をもつ問題解決型教育機関として活性化を図ることとしている。4-1図に示されているように，社会教育活性化のための活動拠点として公民館，図書館，博物館は教育支援，地域支援，民間支援にあたることになる。

そこで，民間支援のうち，情報提供支援の面における各施設の役割分担を見ていく。公民館では住民ニーズの調査・分析や地域課題の調査分析に，図書館では地域資料のデジタル・アーカイブ化や行政資料の公開・提供等に，博物館では収蔵する資料のデジタル・アーカイブ化に，それぞれあたることになる。また，環境教育支援事業では，公民館は環境保全活動指導者育成を，図書館は環境教育情報の収集・提供を，博物館は学習資源を活用した体験学習を，それぞれ担当するなど，各機関が相互に連携協力し，総合的に環境教育支援事業を

---

1) 「社会教育活性化21プラン」『図書館雑誌』Vol.97, No.10　日本図書館協会　2003　p.724-725.

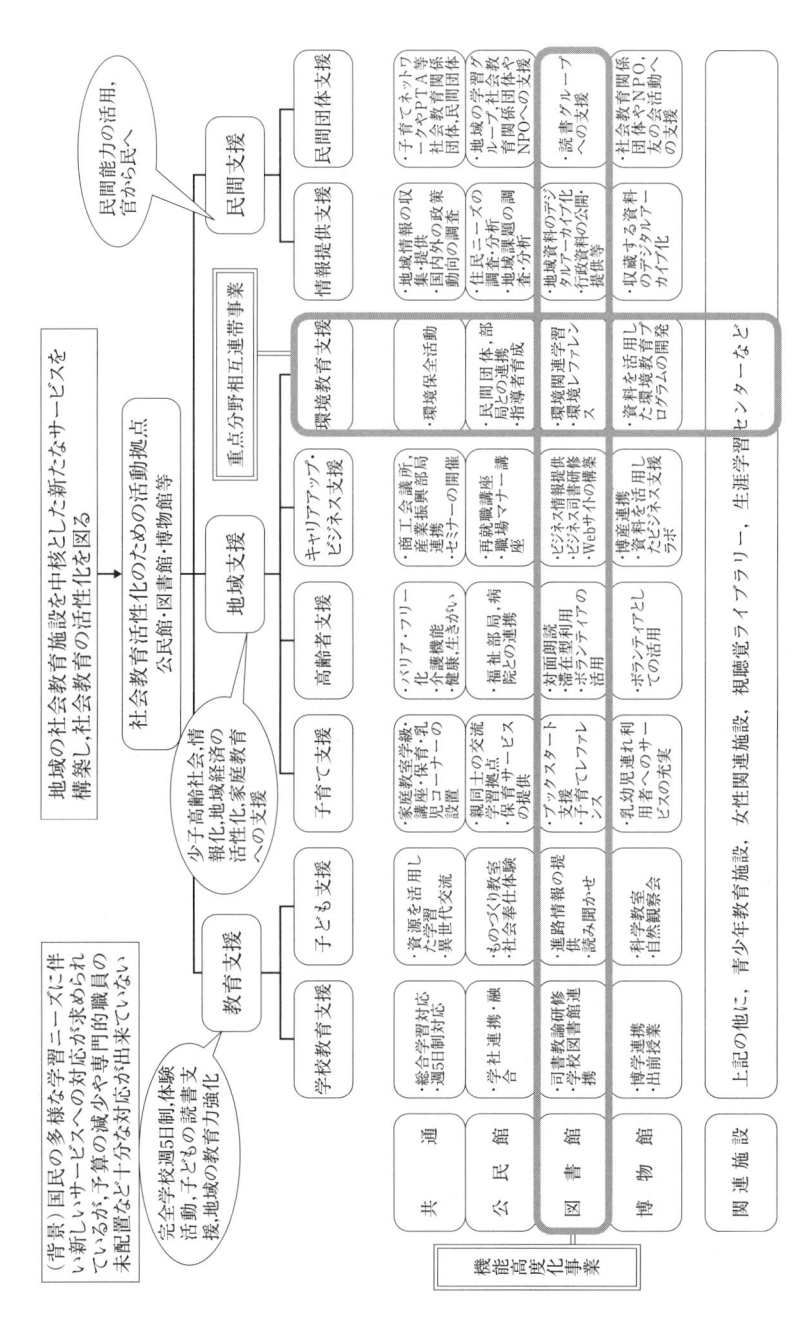

4−1図 社会教育活性化21世紀プラン―社会教育のルネッサンス、視聴覚ライブラリー、女性関連施設、青少年教育施設、生涯学習センターなど、新たなサービスの展開―

展開することが期待されている。

（2） 文書館と図書館サービス

　図書館と文書館との基本的な違いは，収集・組織・提供する情報源にある。図書館が主に不特定多数の者を対象とする公刊物を扱うのに対して，文書館は歴史的資料や私的文書，あるいは行政機関が職務上作成，取得した文書（行政文書，公文書）などが対象となる。

　わが国では，「公文書館法」により，国及び地方公共団体は，保管する公文書その他の記録の保存，利用について適切な措置を講じる責務が課されている。「国立公文書館法」に基づき設置された国立公文書館は，国立公文書館又は国の機関の保管にかかわる歴史的資料として重要な公文書等の適切な保存及び利用を図る責務を有している。わが国の公文書館制度が諸外国に比べて遅れている現状を踏まえ，平成15(2003)年12月より内閣官房長官のもとで開催された「公文書等の適切な管理・保存・利用等のための懇談会」において，わが国の公文書館制度の拡充・強化を図るための方策が検討されている。[1]

　平成11(1999)年に施行された「行政機関の保有する情報の公開に関する法律（情報公開法）」は，行政文書の公開を定めたものであるが，第2条では，行政文書から次のものを除外している。すなわち，第2条第2項第1号において，官報，白書，新聞，雑誌，書籍その他不特定多数の者に販売することを目的として発行されたものは除外されている。また，同第2号においては，政令で定める公文書館その他の機関において，政令で定めるところにより，歴史的若しくは文化的な資料または学術研究用の資料として特別の管理がされているものが除外されている。ここで，政令で定める機関とは，「行政機関の保有する情報の公開に関する法律施行令」の第2条第1項によれば，公文書館，博物館，

---

[1] 「公文書等の適切な管理・保存・利用等のための体制整備について―未来に残す歴史的文書・アーカイブズの充実に向けて―」公文書等の適切な管理・保存・利用等のための懇談会（平成16年6月28日）http://www8.cao.go.jp/chosei/koubun/kondankai08/houkoku.pdf（最終アクセス：2004年12月4日）

美術館，図書館その他これらに類する機関が該当する。

　「情報公開法」の規定から除外されている官報や白書など，行政機関が発行する刊行物は，「図書館法」により，図書館が収集，提供の責務を負うことになる。すなわち，公の出版物の収集を規定した「図書館法」第9条第1項では，政府が都道府県立図書館に対して官報その他一般公衆に対する広報目的の刊行物を提供すること，第2項では，国および地方公共団体は公立図書館の求めに応じて，発行する刊行物その他の資料を無償で提供することができる，と規定されている。

　白書をはじめとする行政資料は，市民が行政活動を知る上できわめて重要な情報源である。図書館は，市民の知る権利を保障する機関として，「情報公開法」の適用範囲から除外されている白書などの行政資料を積極的に収集し，提供することがこれまで以上に求められている。なお，先述の「公文書等の適切な管理・保存・利用等のための懇談会」の報告書では，情報公開法の適用除外となっている白書などの公刊物についても公文書館への移管が提言されている。

第5章　利用対象別サービス

1．利用者層の分析と各集団別サービス

　「ユネスコ公共図書館宣言」(1994年採択)は,「公共図書館のサービスは,……すべての人が平等に利用できるという原則に基づいて提供される」と述べている。この原則に基づいて公共図書館のサービスを企画,立案,実践するにあたり,最初に取り組むべきことは,当該図書館の利用者層の分析である。その地域にどのような人々が住み,通勤あるいは通学しているか,どのような産業が立地しているのか,年齢分布はどうかなど,現在の利用者に加えて,潜在的利用者のニーズは何かを把握することが必要である。まず,行政が作成した住民等の統計をさまざまな側面から分析し,現状を把握することから始める。次いで,必要に応じてアンケートやインタビュー調査なども用いて,ニーズを知り,サービス計画を立て,予算措置も含め,実施のための方策を練ることが肝要である。

　図書館サービスは,個々の利用者に対するきめ細かなサービスの提供とともに,年齢や趣味,ニーズなどが一致し,一つのグループとしてくくることができる集団には,集団固有の共通のニーズに対応するかたちで,効率よくサービスを提供することも可能であり,有用である。

(1) 業務支援

a. 行政支援

　図書館におけるサービスは,多岐にわたる。来館者へのサービスはむろんであるが,公立図書館の設置母体である行政へのサービスも欠かすことができない。図書館の存在をアピールするよい機会ともなり,予算獲得に際して,図書

館の役割を強調する有力な根拠となすことも可能だからである。

1）行政活動への支援　地域の行政を施行する上で，行政の各部門，部署へ必要な資料，情報を提供することが望まれる。行政への支援をするに際しては，まず，行政各部門とのコミュニケーションが円滑であることが不可欠である。図書館が調査の支援をする組織であることを認識してもらうことが先決である。それには，質問を待つ状態ではなく，問題を先取りするかたちで，情報提供し，信頼を得ておくことから，パイプはつながっていくことを忘れてはならない。

2）議会および議員への支援　行政への支援の代表的なサービスは，調査業務である。議会運営に際して，有用な情報を地域内外から取り寄せて提供する。必要に応じて，海外の事例などの情報提供もする。このような資料情報提供は，本来，地方議会資料室の任務であるが，公立の公共図書館が支援することは重要であり，有効である。単に図書館のレファレンス部門への質問に応ずるだけではなく，現在議会で問題になっていること，今後議題にのぼりそうなこと，あるいは，地域の住民の声を察知して，積極的に資料，情報を集め，提供することが望ましい。環境問題，福祉行政，ごみ処理問題，税金の使い方など，地域の住民の抱えている問題において，対立する意見，立場が存在する際には，他地域の事例からメリット，デメリット双方のデータを準備し，行政に提供することも必要である。

3）地方議会資料室との協力　専門図書館としての地方議会資料室とのかかわりも重要である。図書館にスペースがあれば，地方議会資料室を図書館の一隅に設けることも一策である。議会資料の保存に努めるとともに，過去の議事資料を駆使しつつ，同時に図書館内外の情報を収集，選択し，議会への調査報告を迅速に進めることができるからである。

4）類縁機関との連携　設置母体が同じである類縁機関や民間の組織も含め，博物館，公民館，生涯学習センター，音楽ホール（附属図書室）に対し，資料の相互貸借や情報交換を行う。老人ホーム，介護施設，保育所などの社会福祉施設には，図書館から出かけて行き（アウトリーチサービス），それら施

設の年間の教養・娯楽・レクリエーションなどの行事に高齢者向けのあるいは幼児，児童対象のブックトークや民話の会，布の絵本を利用したお話し会などさまざまなサービスを提供する。このようなアウトリーチサービスも，行政や住民に図書館の存在をアピールする機会ともなる。また，公文書館未設置自治体にあっては郷土資料室との連携の下で，所属自治体の非現用化した公文書等の移管を受け，所属自治体のアーカイブズ機能をもつことも可能である。

b．ビジネス支援

図書館におけるビジネス支援には，起業のための情報提供，ビジネスマン（ウーマン）の仕事上の調査，研究に役立つ情報提供，中小規模の経営者のための情報提供などがある。さらに，就職転職資料の提供などの例は日本でもあるが，外国では，図書館が求人・求職情報を流している。

1）起業セミナーと相談会 自治体の商工会議所と共催で講演会や相談会を開催している図書館がいくつかある。浦安市立図書館では商工会議所のほか，市の商工観光課，市民活動支援課およびインキュベーション事業実施大学などと連携しつつ，2001年度から，ビジネス支援サービスを開始している。[1] 起業セミナーなどはビジネス支援図書館推進協議会との共催で月に1，2回，土日に開催し，個別の相談会では，経営者から「新規店舗出店に必要な資金の借り入れについて，特に公的融資制度を利用する場合のアドバイスなどご指導ください。」などの具体的な質問が寄せられる。[2]

東京都立中央図書館では，東京都が平成14(2002)年6月に東京商工会議所内に設けた「TOKYO SPRing」（東京

5−1図　ビジネス支援コーナー
（立川市立中央図書館）

1）　常世田良「公立図書館におけるビジネス支援サービスの現状」『図書館雑誌』Vol.97, No.2　日本図書館協会　2003　p.86−89.
2）　白沢靖知「浦安市立図書館におけるビジネス支援事業について」『現代の図書館』Vol.41, No.2　日本図書館協会　2003　p.63−74.

都ビジネス支援図書館）のレファレンス支援を行っている。これは，平成12 (2002)年5月に，ビジネス支援図書館事業を所管する都の産業労働局から教育庁に支援要請があったことに端を発する。このほか，東京都立図書館は，都内公立図書館へのビジネス関係の広報の配布協力もしている。加えてビジネス関連情報のホームページ発信も開始した。[1]

2）技術研究支援　　地場産業の発展のための支援も展開されている。岐阜市立図書館の「ファッション・ライブラリー」の開設（2001年度）が代表的な例の一つである。地域のアパレル・ファッション産業を活性化するために，関連図書の収集と提供をするほか，岐阜市立女子短期大学生活デザイン学科の協力を得て，ファッション講座を開催している。また，学生や教授陣のデザインによる作品を展示し，ファッションショーも開き，その作品もホームページで見ることができる。

3）レフェラルサービス[2]　　ビジネスに関わる館外の情報源紹介に重点をおく図書館もある。広島県立図書館では，広島県中小企業・ベンチャー総合支援センターと協力し，レフェラルサービスとして，館外情報源の紹介をしている。地域の業界・団体への情報提供サービス支援として，有用である。

4）ビジネス支援資料リスト作成　　札幌市中央図書館では，ビジネス支援のための資料ガイドを作成，配布し，ホームページにも掲載している。たとえば，企業，団体の情報を探すためのガイドには，企業名簿，企業情報，業界情報，団体，学会名簿，施設名簿，研究調査，情報機関などの情報が盛り込まれている。ビジネス支援資料が2階図書室にあることを明記し，相談カウンターの電話番号も記し，すぐに役立つリストである。[3]

---

1) 二階健次，田代尚子，島田真行「東京都のビジネス支援図書館―東京モデルの試み―」『図書館雑誌』Vol.97, No.2　日本図書館協会　2003　p.90-92.
2) レフェラルサービス：直接的な情報そのものの提供ではなく，自館外の情報源を紹介するサービス。
3) 武田雅史「札幌市中央図書館におけるビジネス支援―ビジネス支援資料リスト等の作成事例」『現代の図書館』Vol.41, No.2　日本図書館協会　2003　p.82-94.

(2) 生活支援

a. 生活情報案内・紹介支援

　レファレンスサービスの延長線上で行われるサービスである。読書相談や図書にかかわる相談の枠を超えて，日常生活に密着した情報の提供を行う。たとえば，「生きたすっぽんをもらったが，調理法を知りたい」「無料のIT講習はどこで受けることができるか」「確定申告の書き方の相談はどこへ行けばよいか」「年金についての相談はどこで応じてくれるか」など，さまざまな情報要求がある。わが国では，多くの場合，役所に担当部署があるのだが，従来は横のつながりが悪く，住民にとっては尋ねづらく，また面倒に感じたりする傾向が強かった。その点，活発なレファレンスサービスが実践されている図書館であれば，利用者にとって聞きやすく，問い合わせが多い。

　伝統的な図書館サービスの考え方では，図書館（外部の図書館も含め）のもつ資料に関しては情報提供をするが，情報源がまったく図書館とかかわりがない場合，その機関の紹介をするに止まっていたが，1970年頃からアメリカの図書館（イノック・プラット図書館が最初に開始したと言われている）では，地域に関するあらゆる種類の情報源を網羅的に収集，整理し，インターネット上で公開している。レフェラルサービスにおける生活情報支援ともなる。わが国では，行政の組織が異なるゆえに，実施には種々の問題があるが，イギリスのカムデン地域におけるCindex ON-LINE（http://cindex.camden.gov.uk）などは，地域情報ファイルデータベースの一つの例である。

5-2図　地域情報コーナー
（さいたま市立東浦和図書館）

b. 育児相談支援

　上記の生活情報案内・紹介支援の一部ともいえるが，近年，少子化により一人あるいは二人の子どもを育てることに神経を注ぎ，集中するあ

まり，子育てノイローゼになる母親が増えている。図書館では，育児に悩む母親のみならず，育児に専念する母親のために育児関連のブックトークなどの講座を開催するなど，情報を提供する役割を果たすことが求められている。あるいは後述のブックスタートのように，幼児向けの絵本を紹介する活動もみられる。

c．共働き家庭への支援（ヤングアダルトへのサービス）

海外における例（ルーマニアのブカレスト）では，共働きの家庭におけるティーンエイジャー（11歳から14歳が対象）のために，夏，図書館のボランティアによるサービスが実施されている。[1] わが国では，こういった年齢層は，部活動や塾通いなど図書館に来る時間はないようだが，ひきこもりや拒食症におちいる前に，図書館が地域の学校や教師と連絡をとり，こういった生徒たちが学校の級友とは別に，同じ年齢層の仲間たちとコミュニケーションをとることができる機会を提供することも，サービスの一つとして考えられる。

（3） 図書館利用に障害をもつ人々への支援

図書館利用に障害をもつ人々の障害（バリア）は多種多様である。いくつかの障害の例を以下に記すが，図書館員はまず，図書館が所在する地域，あるいは図書館利用者（潜在的な利用者を含め）の実態を知り，実情に応じて，障害者に対する図書館のサービスを企画，立案，実行すべきである。

a．遠隔地居住者への支援

1）分館あるいは分室設置　図書館における障害者サービスとは，図書館利用に障害のある人たちへのサービスである。居住地が図書館から離れているために利用が困難である人々への配慮もされねばならない。それには，分館や分室の設置が望ましい。

2）移動図書館サービス　分館や分室の設置は，公立図書館の場合，行政の管轄地域において，人口密度や利用者層など種々の条件を考慮して計画が立

---

1) 国際図書館連盟公共図書館ワーキンググループ編，山本順一訳『理想の公共図書館のために IFLA/UNESCOガイドライン』日本図書館協会　2003　p.49.

てられる。過疎地などの場合には，分館や分室の設置が困難な面もあるだろう。あるいは人口が密集している地域でも予算面から困難な場合もありうる。そのような場合には，移動図書館によるサービスの提供が必要である。

3）オンライン目録や各種データベースへのアクセス手段提供　情報の格差を防ぐためにも，各家庭への接続が無理なら，その集落の公民館あるいは学校の分校など，人々が比較的集まりやすい場所に端末機を設置し，図書館へアクセスできること。電子メールでのレファレンス受付や，貸出しの申し込みなどができることが望ましい。その場合，少なくとも週1回は配本車が巡回することも必要である。

4）民間サービスの利用による遠隔地居住者への対応

　従来，遠隔地居住者，図書館未設置自治体住民への図書館サービスは，もっぱら移動図書館等によるサービスが行われていたが，昨今では，情報ネットワークと民間の物流サービス等を組み合わせて，よりきめの細かい図書館サービスが展開されるようになった。

　その具体例として，図書館のOPACを在宅利用して貸出要求を出すと，宅配便サービスを利用して貸出・返却サービスを在宅で利用できたり，また，近隣のコンビニエンスストアでの貸出・返却業務代行が試行されている。これらのサービスは，いまだ試行段階であるが，利用者にはおおむね好評で，今後，各地での普及が予想される。

　なお，この際の物流（本の運搬）コストは，一部または全額利用者負担が一般的である。

b．社会的弱者への支援

1）視覚障害者へのサービス　直接の来館よりは，点字図書や録音図書を郵送で借用する場合が多いが，図書館では，床に点字ブロックを設置する，あるいは，音声で場所を案内する杖を常備したり，エレベータでの音声案内の設置などの工夫が必要である。

　点訳サービス　障害者サービスのなかでは古くから実施されているのが，視覚障害者へのサービスである。図書館のボランティア・グループによる活動

としても歴史がある。

日本点字図書館，あるいは日本ライトハウス点字図書館，および各都道府県の点字図書館で点訳されたものも含めて，国立国会図書館が『点字図書・録音図書総合目録』を刊行している。CD-ROMも年2回製作されている。この目録に基づいて，点訳書の重複を避けて進められている。かつて，点字を打つのには，かなりの労力がかかっていたが，現在では，特殊な機械が開発され，労力がかなり軽減されている。

5-3図　拡大読書器（横浜市立中央図書館）

録音図書　事故や病気による障害のため，成人になってから視覚に障害をもつ人々が多い。このような人たちは点字を読む教育を受けておらず，また，たとえ，教育を受けてもなかなか身につき難い。そこで，録音図書を活用するのだが，こちらもボランティアによる活動が主流である。ボランティア希望者は，まず講習を受け，朗読や漢字などの読み方を調べる基本的な方法についても習う。録音図書製作に際しては，公立図書館では，著作権上の制約があり，点訳と異なり，著作権者の許諾を得なければならない。「著作権法」の改正が待たれる。

大活字本や拡大読み取り器　弱視者向けに大活字本も準備する必要がある。ただし，一人ひとり難度が異なるため，すべての人に満足してもらうことは困難である。拡大読書器の設置も求められる。

DAISY（Digital Accessible Information System：ディジタル音声情報システム）　従来のカセットテープ利用による録音図書は，読みたい箇所を容易に探し出せないという問題を抱えていた。また，国によっては互換性がなく，それぞれの国の機器を使用するか，高価な改造プレーヤーが必要であった。このような問題を解決したのがDAISYで，パソコン利用による録音・再生のシステムである。目次から必要な箇所を容易に探せること，そして国際的な互換

性をもつことが大きな特徴である。[1] さらには，視覚障害者のみならず，高齢者，学習障害者，知的障害者などにも有用であることがわかってきた。[2]

　2）聴覚障害者への支援　サイン表示は前記弱視者への配慮も含め，大きな文字でわかりやすいものにすること，さらには，お知らせなどを点滅ランプ付電光掲示板を利用して，徹底することが望ましい。また，非常用としては，誘導点滅ランプがあるとよい。[3][4]

　3）身体障害者への支援　公立の新設の建物の場合は，段差のないフロア計画がなされ，障害者用トイレや車椅子用鏡付きエレベータの設置もされている。床面ぎりぎりの下段に排架されている場合，あるいは最上段まで排架されている状態の書架では，車椅子に座ったままの姿勢では，手を伸ばしても届かないこともあるので，排架上の配慮も求められる。

　人手不足でままならぬ場合は，ボランティアを養成し，実施することも今後，考えていく必要があるだろう。

　4）学習障害（LD : Learning Disability）者への支援　失読症（ディスレクシア：dyslexia）など字を読むことができない，あるいは文字を認識できない障害をもつ人々への支援も前述のDAISYを利用することによって，音声による朗読や知的障害者向けに視覚に訴える多様な教材を織り込むことにより，支援の可能性が広がっている。加えてダウン症の子どもたちへの布の絵本読み聞かせなども有効なサービスとして挙げられる。

　c．高齢者へのサービス

　高齢になると，ほとんどの人が，前述の視覚障害，聴覚障害，身体障害者あ

1） 河村宏「障害者サービスからメインストリームの変革へ」『国際交流』103　国際交流基金　2004　p.31-34.
2） 野村美佐子「DAISYのこれから」『図書館雑誌』Vol.95, No.8　日本図書館協会　2001　p.581-583.
3） 日本図書館協会障害者サービス委員会聴覚障害者に対する図書館サービスを考えるワーキンググループ編『聴覚障害者も使える図書館に　図書館員のためのマニュアル』改訂版　日本図書館協会　1998　76p.
4） その他，「ループ」の設置，担当者の手話や筆談の用意，口話法の利用，DAISYの活用なども，障害者の利用が極度に多い図書館では，検討する必要がある。

るいは知的障害者と程度の差はあれ，同じような障害をもつことになる。したがって，高齢者への支援サービスは，図書館の施設・設備も含め，障害者全般へのサービスと重なる部分が多い。また，図書館から出かけて行く（アウトリーチ）サービスも肝要で，個人宅はもとより，老人ホームなどへ出かけ，図書などの貸出しのみならず，集会における布の絵本利用による読み聞かせやブックトークなどのサービスも喜ばれている。

社会の高齢化が進行する状況にあっては，公共図書館として今後最も注目すべき分野である。しかし，高齢者の概念は児童やヤングアダルトなどと異なり年齢などで一律に定義づけることはできない。加齢とともに読書能力の個人差は顕著になる。図書館へ来館できる気力・能力を有する人には，大活字本の用意や館内のバリア・フリー化などの若干の配慮を行うだけで，他は通常の成人サービスと区別しないことが望まれている。したがって，高齢者サービスとはもっぱら来館不能者が対象となる。このような来館不能者に対する高齢者サービスは，単に本を読ませるのではなく，介護や老人心理などの理論を応用した情報刺激を与えることが必要である。

d．多文化サービス[1]

日本語が母語ではない人々へのサービスも，1986（昭和61）年のIFLA東京大会を契機に，当初は有志による広報および研究・集会活動と日本図書館協会障害者サービス委員会多文化・識字ワーキンググループ（現在は日本図書館協会多文化サービス研究委員会として，独立した委員会となっている）の活躍により，次第に図書館界に多文化サービスの重要性が知られるようになり，実践例も増えてきている。しかし，経済状況の悪化により，一旦展開されたサービスの縮小も目立ち，前途は厳しい。識字教育事業支援など，図書館が多文化サービスのために所蔵するコレクションを活用して，母語の教育事業を支援することも可能であろう。

1）目　的　公共図書館サービスがその設置目的である多数者（マジョリ

1）　日本図書館協会多文化サービス研究委員会編『多文化サービス入門』日本図書館協会　2004.

ティ）の要求を満たしていることを前提に，少数者（マイノリティ）の人々の知る権利，学習する権利，情報へアクセスする権利を保障することである。その結果，少数者が日本社会で生活する期間，多数者も共生し，そのことで，互いに新しい文化を創造する一助となることにある。

　2）対　　象　　少数民族，留学生，外国人勤労者など多様な職種の人々とその家族，そして残留孤児や帰国者など多くの人々が対象である。

　3）**母語の資料・情報**　　昨今，テレビやインターネットで諸外国の情報がいち早く伝わるとはいうものの，そういった設備をもたない人々にとっては，図書館で母国の最新の情報を得ることができることが望ましい。インターネットへのアクセスも含めて，サービスを提供できるとよい。

　4）コレクションなど
　①　母語修得のための資料
　②　母国の資料・情報（図書，新聞，雑誌など印刷物以外にも視聴覚メディアとしてのビデオ，映画などが重要）
　③　母語で記された日本に関する資料・情報
　④　出身者(国)の宗教，慣習，生活習慣の維持と伝達ができるための資料・情報

　5）**共生と新しい文化創造の場**　　母国を離れて来日した人々は，母国の情報を求め，あるいは，移住先の国の仕事や生活に関わる情報を求めて集まる習慣がある。そのような集合場所を図書館が提供し，図書館をマイノリティの人々の交流の場とすることができれば望ましい。さらには異国の文化，生活習慣などをマイノリティとマジョリティが，図書館における情報を介して，あるいは対話を通じて互いに理解しあうこと，さらには，相互の文化を超えた新しい文化創造に至るコミュニケーションの場として図書館が活用されることが求められる。

　e．入院患者・長期療養者への支援

　従来，公共図書館のレファレンスサービスでは，それまでの伝統的なレファレンスサービスの考え方に基づいて昭和36(1961)年に作成された『参考事務規

程』[1]における回答の制限のなかに「医療・健康相談」が含まれ,「解答を与えてはならないと共に資料の提供も慎重でなければならない」とされていたため,情報提供において慎重であった。

　しかしながら近年,フランスやアメリカなど先進諸国における医療情報提供サービスの現況が紹介されたこと,また,高齢化とともに従来にくらべ,一段と医療に関心が高まり,医療情報を求めるニーズが増えてきたこと,加えて,利用者のニーズに見合うサービスを提供したいという図書館側の姿勢があいまって,わが国の公共図書館においても医療・健康情報の提供に取り組む姿勢がみられるようになった。

　日本図書館協会では「健康情報研究委員会」が2004(平成16)年5月に発足した。委員は公共図書館,医科大学図書館,医学研究所図書室などの司書,図書館情報学研究者たちである。公共図書館職員を対象に,健康情報提供に必要な基礎的情報・知識の研修を行うことを目的として研修会も開催された。

　病人にとって,読書はレクリエーションや教養を得るためのみならず,心の療養につながり,生きたいという気持ちを呼び起こし,その結果,病気回復にも効果があるといわれている。高齢化社会において,入院患者およびその家族への図書館サービスは重要である。

　1) アウトリーチサービス　図書館から,病院の図書室などに団体貸出しをし,看護師やボランティアあるいは入院患者の家族らが貸出しなどのサービスを実施している例も見られる。曜日と時間を決め,図書館員が出かけて行くサービスを実施している図書館もある。病室を巡る場合もあれば,廊下に貸出し・返却台を設けサービスを提供している例もある。移動図書館が病院をサービスポイントの一つとして病院前などでサービスを提供している例もみられる。このように,出かけて行く場合には,外部から院内に病原菌を持ち込まないようにすることが重要であるとされている。

---

1) 日本図書館協会公共図書館部会参考事務分科会『参考事務規程』日本図書館協会　1961.

> 医学関連資料利用にあたってのお願い
>
> この資料を利用するときは次のことをご理解ください。
>
> (1) 特定の治療方法を薦めるものではありません。
> (2) ここに書かれていることが病気に関する知識のすべてではありません。病気に関する知識は日々変わっていきますし，他の考え方もあります。
> (3) 患者さんの状態は，年齢や病気の進み具合など千差万別です。同じ病気を持つ患者さんでも，病状や治療方針は一人一人異なります。
> (4) 実際の治療については，担当の医師と相談するようにしてください。
>
> 浦安市立図書館

5-4図　医学関連資料利用にあたっての例

　千葉県浦安市立図書館では，1991(平成3)年から病院サービスを始めた。当初は読み物や実用書が中心であったが，次第に，リクエストのなかに自身の病気や怪我について調べたいとの要求がみられ，2001(平成13)年には病院内の図書コーナーに「病気・からだの本」という書架を設置するに至っている。[1]

　なお，書架開設，資料の選定および「医学関連資料利用にあたってのお願い」(5-4図)を作成するにあたっては，京都南病院図書室を参考にしている。

　読書相談　来館する健常者と同等のサービスを提供すべきであるとしたら，現状では理念どおりにいかないとしても，少なくとも図書館員が図書その他の資料を持参し，出かけていき，読書相談に応じるなどのサービスを提供したい。

　医療情報相談　患者および患者の家族による医療情報の相談は，インフォームド・コンセントの普及とともに，増加しつつある。このため，できるだけわかりやすい医療関係の資料を豊富に揃えておくことが求められる。

　入院児童へのサービス　浦安市中央図書館では，浦安市川市民病院に入院している子どもたちに読み聞かせを中心にわらべ歌，手遊び，お話しなどを通して，子どもたちの精神的な面での治療にも役立つサービスを展開している。

　2）医療情報コーナーの設置　医療関連の文献情報の提供は利用者にとっ

---

1) 柚木聖「公共図書館による健康情報提供サービスの試みについて」『薬学図書館』日本薬学図書館協議会　Vol.50, No.1　2005　p.63-69.

て，有用である。滋賀県の高槻町立図書館では，利用者らの医療関係の質問に答えるべく，専門の医学書よりわかりやすいということから，看護の専門書を購入し，医学の棚に並べて利用に供している。結果として，一般の利用者に加え，看護師や看護学校の生徒に利用されていることがわかり，積極的に購入していることが報告されている。[1]高齢化社会となり，医療情報は，ますます求められている。図書館で医療関係の資料を豊富に揃えることは利用者にとって意義のあることである。

東京都立中央図書館では，2004(平成16)年6月末から「医療情報コーナー」を設置している（5-5図）。同図書館には医学関係の図書など約3万5千冊があり，また，多くの医療関連の質問にも対応してきた経験から設置の運びとなった。[2] 千葉県市川市立図書館は，ホームページに医学関連資料専門の検索ページ Medical Information Service を開いている。

3）資料の提供　　静岡県立静岡がんセンター図書館司書としての経験をもち，さらに，長年にわたって患者図書館の研究を進めてきた菊地佑が2004(平成16)年1月にWeb患者図書館を開設した。「いつでも誰でもどこでも」をモットーに医療文献情報を提供している。著作権に配慮し，全文の公開や本文のファックス送信サービスをしない方針を貫いているが，全国の患者図書館，国立国会図書館および全国の主要な大学図書館の所蔵状況を検索できる。加えて，雑誌記事については『雑誌記事索引』を補うかたちで，一般向けの健康・医療雑誌記

5-5図　医療情報コーナー
（東京都立中央図書館）

1) 明定義人「医学の棚に看護師向け資料を」『みんなの図書館』No.329　図書館問題研究会　2004　p.22-26.
2) 中山康子「公共図書館の医療情報サービス提供の動き」『みんなの図書館』No.329　図書館問題研究会　2004　p.15-21.

事索引情報の提供をしている。[1]

このWeb患者図書館にアクセスし，医療情報を求めている利用者に対し，医療関連資料すなわち，図書，健康・医療雑誌，新聞などを所蔵している図書館は，Web患者図書館の医療文献情報サービスを支援し，資料提供することが求められている。しかし一般の利用者にとって，国立国会図書館や大学図書館は地理的にも利用しにくいこともあろう。地域の公共図書館が資料提供の面で支援できることが望ましい。専門書の購入は困難だとしても，一般向けの健康・医療雑誌を図書館に備えておき，利用に供する，あるいは論文（記事）の複写の取り寄せなどを支援できる可能性も高い。

f．矯正施設入所者への支援

矯正施設入所者(以下，受刑者と略す)とは，刑務所，拘置所，少年院，教護院などの矯正施設に入所している人々である。「ユネスコ公共図書館宣言」（1994）では，「理由は何であれ，通常のサービスや資料の利用ができない人々，たとえば受刑者に対しては，特別なサービスと資料が提供されなければならない」と謳っている。

IFLAでは，1992年に「矯正施設被拘禁者に対する図書館サービスのためのガイドライン（Guidelines for Library Services to Prisoners）」を採択しており，欧米では，刑務所の図書館が日本に比べて，発達している。アメリカでは，刑務所の図書館に対し図書館員が出かけて行き，直接，貸出しなどのサービスを提供している例もみられる。

中根憲一によると，アメリカでは，矯正施設被収容者に対する公共図書館サービスの提供が広く実施された例が報告されている。たとえば，シカゴ公共図書館―矯正施設は，クック・カウンティ拘置所（収容者数約4,000，全米有数の大規模施設）の中に分館を設置したという。[2]

わが国では図書館(室)すらない状況がほとんどである。図書館サービスとし

---

1) 菊地佑「インターネット上の患者図書館（Web患者図書館）の開設―いのちの文献目録データベース―」『図書館雑誌』Vol.98, No.7　日本図書館協会　2004　p.446-448.
2) 中根憲一「日本の刑務所図書館―行刑施設被収容者の「本と読書」をめぐる制度と現状―」国立国会図書館編『図書館研究シリーズ』No.31　1994　p.3-78.

ては，公共図書館からの団体貸出しが数例あるのみである。1986(昭和61)年のIFLA東京大会後，多文化サービスと同様，ようやく日本図書館協会の障害者サービス委員会が取り組みを始めたのである。

堺市立中央図書館（1916(大正 5)年開館）では，1977(昭和52)年頃から大阪刑務所への団体貸出しを実施している。当初は，月 1 回，ダンボール 1 箱程度（数10冊）であった。具体的には，大阪刑務所の教育担当職員が来館し，更生や社会復帰にプラスになる本という方針のもとに，利用者の希望を考慮して選書している。また，小説や趣味の本のほか，テーマをもった本などが選ばれる。夜の自由時間に集会室で閲覧されている。[1] 千葉刑務所には，千葉県立図書館が団体貸出しを行うなど，県立図書館を中心に協力がみられる。

受刑者に読書の自由，学習する権利を保障するために，図書館は今後の活動を考えていく必要がある。読書により，受刑者が過去の自分をみつめ，今後の歩むべき道を探り，社会への復帰を願うといった矯正と教化に効果があるとされている。図書館サービスをすべての人に提供するため，また図書館の存在意義と役割を社会にアピールするためにも，受刑者を含め社会的に少数グループである人々へのサービス提供を考え，実施していく必要がある。社会復帰のための資格取得関連図書や，教養，レクリエーションのためのブックトークなど，司書が出かけて行って，図書の紹介をする機会をもうけるなど，相手機関と相談をしながら，アウトリーチサービスの一つとして協力可能なプログラムとなり得る。

(4) 教育・文化活動支援

a. 文庫活動支援

文庫活動は，石井桃子が1958(昭和33)年に始めた「かつら文庫」の経験を『子どもの図書館』[2]に紹介したのが一つの契機となり，1960年代末から70年代

---

1) 文部省『地域と施設をこえて―公立図書館における連携・協力の実践事例集―』1997　p.97-100.
2) 石井桃子『子どもの図書館』岩波書店　1965　218p.

初期に始まった。高度経済成長期を迎え，子どもの遊び場であった空き地などが開発により失われていくなかで，子どもたちの状況を憂えた母親たちがその核であった。その背後には出版事情の発展があり，内容豊かでかつカラフルな絵本や美しい装丁の児童書の出版がみられるようになった。そこで，子どもたちとぜひ，読書の楽しみを分かちあいたいという願いが，個人の「家庭文庫」や数人のグループによる「地域文庫」などいわゆる「子ども文庫」といわれる活動になり，各地に広がっていったのである。[1]

当初は，図書を自分たちが持ち寄っていたが，次第に数や種類の不足が感じられ，近くに図書館が欲しい，自分たちの文庫用の図書も図書館から借りたいという願いとなり，地元の図書館づくりへと活動が広がった。現在も地域の図書館活動，ことに児童サービスを支える活動を続けており，近年は，学校図書館が，設備，資料，専門職不足などあらゆる面において貧しい状況にあることを憂いて，成長期にある子どもの知的，情緒的生活に潤いをあたえるべく，学校図書館の活性化を図るための運動を自治体に向けて展開している。

しかしながら，初期に中心となった人々は高齢化し，二代目から三代目へと世代交代の時代を迎え，若い世代には文庫活動の当初の目的がやや曖昧になってきている。子どもたちも創設期には，部活動などで夜遅くまで時間を縛られることもなく，現在に比べるとゆとりのある時間を過ごしていた。このような社会の動きと活動の柱となる人々の世代交代のなかで，図書館は文庫活動の運動を継続することができるよう，その後継者を支援する必要がある。文庫へ遊びに来る子どもたちは，将来の図書館の利用者へとつながり，文庫活動を推進する人々はいつの日にか図書館活動の支援者となりうるからである。文庫活動を支援するためには，資料の団体貸出しをはじめとして，レファレンスサービスの実施，ひいては地域の文庫活動継続のための悩みを知り，相談にのるなどの，きめ細かいサービスが望ましい。

---

1) 塩見昇編著『図書館概論』三訂版（JLA図書館情報学テキストシリーズ1）日本図書館協会 2001 p.110-111.

b．識字教育事業支援

多文化サービスとも共通するサービスの一つともなるが，他国からの労働者，移民，難民の人々，あるいは帰国子女や，帰化した人々などへの日本語教育を行政が中心になって進める際には，資料・情報の提供が可能である。積極的な協力活動を展開するとともに，その機会を活用し，図書館における多文化サービスの存在をPRしていきたい。

c．小・中学校への支援

公共図書館とは別に，学校図書館のための教育資料センターが設けられることが最も望ましいが，行政組織として，そのような教育資料センターが設置し難い場合には，教育資料センターづくりへの準備段階として，公共図書館が学校教育を支援していくことは必要であろう。学校図書館への資料の団体貸出しはもとより，教員へのレファレンスサービスを含めた教材資料・情報支援など，協力できる面は多々ある。

地域の中央図書館など規模の大きな図書館では，国際子ども図書館の「世界の国を知るセット」などのように，調べ学習用キットを何種類か準備できると司書教諭や教員にとって有用である。このようなキット提供により，図書館の役割を，学校をはじめとして自治体の行政に印象づけることも可能で，予算獲得の際にも役立つ。このほか，単元にそったブックトークの出前など，学校教育の一端を担う出張サービスも意義ある活動である。

d．教育的・文化的なグループへの支援

地域の読書サークルや郷土史研究グループなどさまざまな趣味・教養グループを支援する活動も好ましい。資料，情報提供のほか，AV関係機器類や小部屋の貸出しなど，活用を促す機会は多い。当然，活動に必要なレファレンスサービスも引き受け，種々の相談に応じることも可能である。図書館がそのような活動の拠点ともなり，あるいは機関誌や報告書などを発行する活動を通して，情報の発信センターとして活かされる。

e．ボランティア・グループへの支援

図書館に古くから関わっているボランティア・グループの代表的なものには

点訳サークルや朗読グループがある。これらのグループと図書館とのかかわりは，それぞれの図書館や自治体によって異なるが，図書館が点字を変換できる機器を購入してボランティアの人たちの苦労を軽減する，あるいは可能なら最新の録音用機器などを購入しメンバーに貸し出すなどのサービスが求められている。

　昨今では，図書館友の会が作られている図書館も見られるが，ボランティアとして，図書館の仕事をするにあたり，まず，図書館の役割，目的などを知ってもらう講習会を開くことも必要である。図書館員とボランティアの双方が互いに気遣いなく，円滑に双方の仕事と役割を分担して進めていくためには，ボランティアの人たちに基礎的な知識や技能を修得してもらうことが肝要である。排架の仕事であれ，あるいはパンフレットや案内ガイドの各国語訳の作成であれ，まず，「図書館とは」「図書館のサービスとは」といったことから，分類や目録，そして，OPACやデータベースについてなど，初級から中級，上級とレベルに応じて，または希望に応じて講座を開くことは，ボランティアにとっては，利用教育受講にもつながる機会ともなるだろう。工夫をこらしてみたいところである。

2．図書館活動普及・促進サービス

（1）　児童サービス

　幼児あるいは学齢期の子どもたちに読書の楽しみを教えることは，生涯にわたって，読書の習慣がつき，あるいは，資料や情報をもとに調べることの面白さを修得する機会をも与えることができる。このことは，図書館にとっても，将来の図書館を支える人々を育てるということで，大いに意義あることとなる。豊中市立図書館のように渉外係を設け，幼稚園，保育所，小・中学校あるいは，地域の文庫への支援など，幼児，子ども，児童・生徒たちへのサービスを中心に，図書館外部へのサービスに専念する司書がいることは心強い。

a．ブックスタート

　ブックスタートは1992年，イギリスのバーミンガムで，バーミンガム中央図書館，保健局およびバーミンガム大学教育学部が協力して始まった運動である。「絵本」を用いて，0歳児や幼児とのコミュニケーションを図り，「本を読むことの楽しさを伝える」ことがその目的である。地域の保険センターの健診に参加した0歳児とその保護者に，おすすめの絵本の入ったブックスタート・パックを，説明を添えて手渡している。

　わが国では，2002(平成14)年1月にNPO法人ブックスタート支援センターが結成され，実施する自治体とともに活動しており，自治体の図書館も参画し，ブックスタートを支援している。ブックスタート支援センターでは，小児科医師，保育の専門家，司書，文庫活動をしている人たちが絵本選考委員会を構成し，「赤ちゃんと保護者が豊かなことばを交わしながら楽しいひとときを持つことができる絵本」という基準の下に，17冊のおすすめ絵本を選んでいる。その中から，実施自治体が，パックに入る2冊の組み合わせを選び，さらに，この基本パックに実施自治体が地域の資料を追加している。パックは実施自治体が予算を組んで購入している。[1]

　実施自治体の図書館では，ブックスタートを支援する活動として，読み聞かせやお話しの会などにより，ブックスタート・パックで配布された絵本の効果的な使い方を指導する会合を開いたり，あるいは，図書館が推薦する絵本のリストを作って配布するなどのサービスを行っているほか，子育てに悩む若い母親や地域の子育てサークルに向けての講座開催などを実施している図書館もある。しかし他方では，絵本を支給するだけに留まっている図書館も数多い館のなかにはみられ，批判の声も聞かれる。絵本の読み聞かせを通じて，幼児と心を通わせる時をもつこと，ひいては，読むことの楽しさを幼児に伝え，その習慣をつけるための支援を，図書館はブックスタート運動を通して実施することが重要である。

---

　1)「ブックスタートとブックスタート支援センターの概要」『図書館の学校』No.27　NPO図書館の学校　2002　p.59.

b．未就学児童へのサービス

　公共図書館の児童サービスとして，児童書コーナーの設置のほか，お話し会，読み聞かせ，人形芝居，紙芝居，パネル・シアター，ペープサート，布の絵本を用いてのお話しや，ゲームなど，未就学児童へのサービスとしてさまざまな催しが開かれている。図書館によっては，出かけて行くアウトリーチサービスを，保育所，幼稚園など，あるいは先述の入院している幼児のために病院で行っている例もある。

c．親子読書

　親子読書運動としてよく知られていたのは，子どもが親に本を読んで聞かせる運動である。図書館では，推薦図書リストの配布や資料提供サービスが可能である。この親子読書運動の場合は，年齢としては小学校低学年程度の児童・生徒が対象である。

　このような低年齢層の親子読書とは別に，現在では，親子が同じ図書を読み，感想を述べ合い，世代を超え，共通の話題を通じてコミュニケーションを図ろうとする動きが見られる。たとえばPTAの図書委員会が学校図書館と生徒会委員会と合同で開催する親子読書会がある。平成13(2001)年度の文部科学省「子どもの読書活動優秀実践校」に選ばれている栃木県立宇都宮女子高等学校図書部では，親と子が同じ図書を読んで感想を話し合うことによって，世代間の考え方の相違を知り，互いの価値観を尊重し，コミュニケーションを図ろうと推進している。[1]あるいは，茨城県龍ヶ崎市立長戸小学校では，週5日制を機に，毎週土曜日を「親子のふれあいの日」として，親と子が同じ本を読み合う親子読書を進めている。[2]

　小学校低学年と高等学校の生徒では，年齢の違いは当然あるが，図書館としてできることは，年齢に応じたサービスの提供である。親子読書に向きそうなおすすめ読書リストの作成と配布やブックトークによる図書の紹介もできる。

---

1) 大浦舟人「PTAとの連携による「親子読書会」栃木県立宇都宮女子高等学校図書部『学校図書館』学校図書館協議会　No.647　2004　p.45-47．
2) 北口たか子「親子ふれあいの日「親子読書」のすすめ」茨城県龍ヶ崎市立長戸小学校『学校図書館』学校図書館協議会　No.622　2002.8　p.35-37．

公共図書館の児童担当司書などがその際の選書の助言をしたり，親への貸出しを行ったり，読書相談にのれるとよい。また，学校司書や司書教諭との協力関係も望まれる。

（2） ヤングアダルトサービス

5-6図　ヤングアダルトコーナー
（立川市立中央図書館）

子どもでもなく，また，大人でもない，いわゆるティーンエイジャーを含む年齢層は，思春期をはさみ，精神および身体の成長期にあって，反抗期でもあり，難しい時期である。図書館においても児童コーナーや成人向きの書架とは別に，ヤングアダルトとして，この年齢層のために専用のコーナーを設けている。ヤングアダルト向けの小説などをはじめとして，資格取得のためのガイドブックや入門書なども利用希望の多い資料である。

国際図書館連盟でも『IFLAヤングアダルトに対する図書館サービスのためのガイドライン』が出されており，独自のサービスの必要性を示している。また，『IFLA/UNESCOガイドライン「理想の公共図書館サービスのために」』によると，オーストラリアのクイーンズランド州の公共図書館では，図書館員がヤングアダルトへのサービスを提供するために専門的な研修を受けていることが紹介されている。[1]そこには，単に，資料を設置しておくだけではなく，彼らとともにイベントを企画し，実行していくという，「ともに遊ぶ，学ぶ」といった姿勢が見られる。ヤングアダルトコーナーを彼らの力を借りて，彼らと一緒に盛り上げていくことが必須とされている。

1）　国際図書館連盟公共図書館分科会ワーキンググループ編，山本順一訳　『理想の公共図書館のために　IFLA/UNESCOガイドライン』日本図書館協会　2003　p.50-51.

(3) 一般成人へのサービス

a．利用教育

　情報過多のこの時代，日常生活はもとより，仕事や趣味の世界に必要な情報を効果的に選び，集め，得た情報を消化し，自分のものとして表現していく情報リテラシーの修得が，一般の人々にとって必要になってきている。コンピュータ検索はもとより，図書館としては伝統的な資料の探索法も含めたハイブリッドな情報検索法習得講座ともいうべき研修会を成人，特に高齢の利用者に向けて開く必要がある。すでに大阪府立図書館など規模の大きい図書館で開催されているが，中小規模の図書館でも実施することによって，情報リテラシーの必要性の認識の普及のみならず，図書館の意義や役割を理解してもらう手だてともなる。このような講座を開くことにより図書館の支援者を増やすことも可能であるし，図書館をPRする有効な機会ともなる。

b．アウトリーチサービス

　児童へのサービスの一環として保育所や幼稚園に出かけて行くように，高齢化社会においては，老人ホームへの出張サービスも求められている。布の絵本作りを推進しているグループによると，老人ホームなどで，痴呆症状を示す人たちに布の絵本や布のカルタによる遊びや歌などが喜ばれ，遊びが刺激になり，こわばった顔に表情が戻ったり，笑顔も見られるようになるとのことである。症状の程度に応じて，民話を聞くあるいは話す会を計画したり，ブックトークなども可能である。要は，「出かけて行く」プログラムを考え，実践することである。

c．SDI（Selective Dissemination of Information）サービス

　企業や研究機関の専門図書館では，伝統的なサービスといえるSDI（選択的情報提供）サービスを試験的に行った公共図書館がある。北海道の北広島市立図書館では，2002（平成14）年の6月からSDIモニターに，定期的に情報を電子メールで送信する実験的サービスを実施した。モニター協力者を，中学校の教師や議員に依頼し，新刊書情報，新聞記事ヘッドライン情報，雑誌記事コンテ

ンツ情報などを送り，満足度などを調査した結果，議会活動や総合学習などに役立ったとの報告も得ている。[1]

能動的なサービスとして，今後このようなサービスの提供は図書館の存在意義を高めるし，実際，人々の仕事に役立つサービスであろう。ビジネス支援にも共通するサービスともなる。町の商店や家内工業者などに定期的に情報を提供する，あるいは前述の北広島市立図書館のように議員や教師たちに情報を届けることなども意義あるサービスである。個人，グループ，機関など，対象は多い。

（4） 地域活性化促進活動

a．地域の古文書等収集・提供活動

情報収集と提供の場として，さらにはそれらの情報を人々が活用した結果として，新しい情報を発信する場として，図書館は町づくりや町おこしにかかわることができる。伝統的な収集資料は古文書の類とそれに準ずる史料である。該当する自治体に公文書館，古文書館や博物館がある場合は，連携しながら，図書館としてなすべき資料作成や，類縁機関紹介などに徹するが，地元にそのような機関がない場合は，図書館が郷土に関わる情報提供の場となる。

b．郷土資源に関わる情報収集と提供活動

1）**郷土に関わる情報の収集**　郷土の情報とは必ずしも過去の情報だけではない。現在の郷土の状況を過去に伝えなければならない。この間で郷土の資料として最も重視されるべきは，現在の自治体行政に関わる記録類の収集と保存である。この任にあたるのは公文書館であるが，公文書館が市区町村レベルでほとんど設置されていない現状では，行政当局によって「非現用」とされた公文書のうち，歴史的，文化的価値のある文書類の移管を受け，郷土資料室を充実させることが重要である。地域に関わる著名人，現存する人も含めて，その人物に関わる情報，資料，作品なども収集する。同様に，地域の特産物，地

1）　新谷良文「SDI（選択的情報提供）北広島市図書館におけるモニター事業の報告」『現代の図書館』Vol.41, No.2　日本図書館協会　2003　p.75-81.

場産業，遺跡，名所旧跡，祭りや芸能など，その地域に伝わるさまざまな文化情報を収集し，提供する．記録し，保存すべき情報は文字情報にとどまらない．画像や映像など，可能なら最新の技術を駆使して保存に努めたい．その際，再生機器類の保存にも留意することが肝要である．

　2）**一覧作成と情報提供**　　収集した情報，資料の一覧作成やその公開，ホームページ上などへの掲載や利用法案内など，地域の利用者のみならず，地域外の人々へ情報発信をすることが重要である．このことは地域のPRにもつながり，おろそかにできない情報発信である．

第6章　図書館サービスと著作権

1. 著作権制度

（1）著作権制度の意義と背景

　図書館は利用者に対する資料提供（情報提供を含む）を基本サービスの一つとしているが，図書館資料の大部分には著作権が主張される可能性がある。

　資料提供という図書館サービスは，資料という人間の知的活動の成果である著作物を利用者に利用させる行為であり，そこには著作権が直接関係してくる。ここで「資料」と「著作物」の関係をみてみると，「資料」は一般に「記録物」を意味するが，「著作物」は「表現された内容」を意味している。つまり，記録された内容はもとより，記録されていない口頭の講演なども，表現された内容という意味では著作物となる。デジタル記録資料も，ネットワーク上の情報・資料も著作物であり，媒体に関係なくその内容が著作権の対象となる。

　知的財産権とは，人間の知的活動によって生産された技術やアイディアなどの形のない財産に対する権利を指している。知的所有権あるいは無体財産権ともいわれる。学術や文芸，美術などの文化的創作に関する著作権，発明や考案，意匠，商標などの産業上の創作に関する産業財産権（特許権，実用新案権，意匠権，商標権等）およびその他の権利（商号に関する権利など）に大別される。

　著作権とは，著作物等に関して著作者等に対して認められる権利である。表現を保護する著作権はアイディアを保護する産業財産権とともに，知的財産権を構成している。多くの国では著作物の著作権は著作物の創作に発生し，著作

　第6章においては主として次の文献を参考にした。
　　日本図書館協会著作権委員会編『図書館サービスと著作権』改訂版　日本図書館協会　2003.

者の死後数十年間存続する。著作者は著作物の公衆への提供，複製などの権利をもっているが，私的使用のための複製や引用等において著作権は制限を受ける場合もある。わが国の「著作権法」での図書館等における複製は，こうした制限条項の一つとして明記されている。

　国際条約としては「文学的および美術的著作物の保護に関するベルヌ条約（The Berne Convention for the Protection of Literary and Artistic Works）」（通称，「ベルヌ条約」）や，「万国著作権条約」などがある。（6－1図，6－1，2表）

　著作権の発生に関しては，登録や特定表示を必要とする方式主義と，著作物が創作されたときから自動的に発生する無方式主義の場合とがある。[1]

　わが国は「ベルヌ条約」優先の制度をとっており，著作物は公表と同時に著作権保護の対象となる無方式主義を採用している。

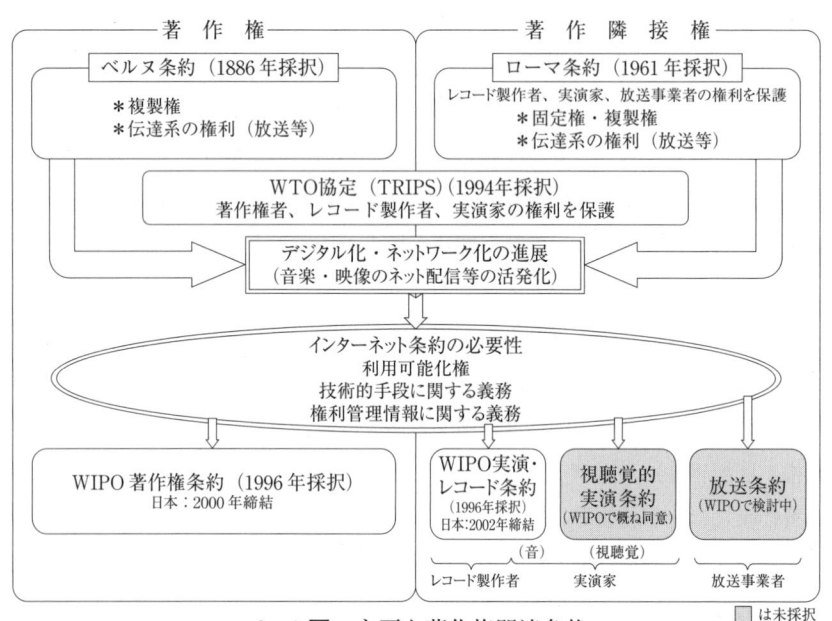

6-1図　主要な著作権関連条約

（出典：池原充洋「講演録・著作権保護の国際的動向について」『コピライト』1月号　著作権情報センター　2005　p.19.）

6-1表 国際条約の主な特徴

条約	成立年	日本加盟年	特徴	管理
ベルヌ条約	1886	1899	内国民待遇原則（自国民に与える保護を他の加盟国の国民にも与えなければならない原則），無方式主義（権利の享受・行使になんらの方式の利用も要しないこと），著作者人格権（著作者の人格的利益を保護する権利）	WIPO
万国著作権条約	1952	1956	無方式主義の国の著作物でも，その複製物にⒸの記号，著作権者名，最初の発行年を表示すれば，方式主義の国で方式を具備したと同様の保護を受けられる。	ユネスコ
WIPO著作権条約	1996	2000	デジタル化，ネットワーク化に対応した著作権に関する国際ルールを定める。（コンピュータ・プログラム，データベースの保護，譲渡件，貸与権，公衆への伝達権，技術的保護手段の回避規則，著作権管理情報の除去・改変規則など）	WIPO

著作権に関係する国際団体としては，世界知的所有権機関（World Intellectual Property Organization : WIPO）がある。WIPOとは1967年に設立された知的財産の利用と保護の促進を目的とする国際機関である。

6-2表 主な条約の流れ

年次	主な事柄
1886	ベルヌ条約成立
1899	日本，著作権法施行，ベルヌ条約加盟
1952	万国著作権条約成立
1956	日本，万国著作権条約加盟
1971	日本，改正著作権法施行
1996	WIPO著作権条約採択
2000	日本，WIPO著作権条約加入

本部はジュネーブに置かれている。2003年現在，加盟国数は179カ国で，日本は1975年に加盟した。「WIPO著作権条約」をはじめ，産業財産権と著作権に関する23の条約を管理するとともに，各国の国内法の調和を図り，知的財産権の国際的な推進，論争解決，発展途上国への支援，情報化技術支援などの活動

前頁1） 図書館は一般的に著作権のある資料を受け取り，保存する場所であって，著作権を認める機関とはなっていないが，アメリカでは著作権資料受理局を図書館が構えている。「ベルヌ条約」加盟以前，著作権が保護されるためには，アメリカ議会図書館内の著作権局への登録を必要としていた。加盟後も同局に登録された国内刊行物は，著作権訴訟などで有利な扱いを受けることになっている。

を行っている。

（2） 著作権に関する諸概念

a．著作権法（昭和45年5月6日法律第48号,最終改正 平成15年7月16日：平成16(2004)年1月1日現在。全124条および附則よりなる[1]）

わが国の「著作権法」は，小説や音楽などの著作物を保護する著作権制度と，実演・レコード・放送・有線放送を保護する著作隣接権制度を定めている。著作権制度は，著作物に関してその創作者である著作者の名誉や尊厳に関わる人格的利益を保護する著作者人格権と，著作者の財産的利益を保護する狭義の著作権ともいえる著作者財産権からなるものである。この「狭義の著作権」は，著作物の利用による経済的な行為を，著作権者の許諾なしには行えないようにするものである。現在ではこの内容は次の12の権利で構成されている。

複製権，上演・演奏権，上映権，公衆送信権，公の伝達権，口述権，展示権，頒布権，譲渡権，貸与権，翻訳権，翻案件

これらの権利は分割して譲渡することもできる。

そもそもわが国で「著作権法」が制定されたのは，近代的な法治国家の確立を目指していた時代の明治32(1899)年である。その後半世紀余りは若干の改正を経るに過ぎなかったが，情報の記録，保管，流通技術が飛躍的に発達したことと関連して，昭和45(1970)年に全面的に改正された。現在でも著作物利用の態様の変化は大きく，それに合わせて法改正が繰り返されている。

b．著作物

「著作権法」第2条1項1号において，「思想又は感情を創作的に表現したものであって，文芸，学術，美術又は音楽の範囲に属するものをいう」と定義されている。具体的には，第10条1項の各号に掲げられている，小説，論文，脚本，歌詞，楽曲，振り付け，地図，絵画，写真，設計図，映画，データベース，コンピュータ・プログラムなどである。さらに，既存の著作物を加工して

1） 2004年1月1日現在。

6-3表　著作物の種類

著作物の種類	例
言語の著作物	論文，小説，脚本，詩歌，俳句，講演，新聞記事（事実の伝達にすぎない雑報や時事の報道を除く）
音楽の著作物	楽曲，楽曲を伴う歌詞
舞踊，無言劇の著作物	舞踊，パントマイムの振り付け
美術の著作物	絵画，版画，彫刻，美術工芸品，書，舞台装置，漫画
建築の著作物	建造物自体
図形の著作物	地図，学術的な性質を有する図面，設計図，図表，模型
映画の著作物	劇場用映画，テレビ映画，ビデオソフト，テレビゲーム
写真の著作物	写真，グラビア
プログラムの著作物	コンピュータ・ソフトウェア
二次的著作物	原著作物を翻訳，編曲，変形，脚色，映画化，翻案により創作した著作物。抄録（創作性の認められるもの）
編集著作物	素材の選択又は排列によって創作性を有するもの。雑誌，新聞，事典・辞典，詩集
データベース	論文，数値，図形その他の情報の集合物でコンピュータを用いて検索できるようにしたもので，情報の選択又は体系的な構成によって創作性を有するもの
著作権のない著作物	憲法その他の法令，国又は地方公共団体の告示，訓令，通達等，裁判所の判決，決定，命令等

創作される二次的著作物（翻訳，映画化など），既存の著作物から得られるデータなどの素材を創作的に選択・排列した編集著作物（百科辞典など），コンピュータで検索可能なデータベースなども著作物とされる。著作物はその質は問われず，専門家・玄人の作品でも子どもの作品でも，上記の要件を満たしているかぎり著作物である。

c．著作者

著作物を創作した者（第2条1項2号）で，一般的には資料に明記されている著者や編集者である。ある表現行為を実際に行った人，または団体が著作者であり，著作者は原則として著作権者でもある。しかし，著作者の他に，著作権者が存在する場合も少なくない。また，一著作物と見られるものの中にも，イラストを書いた人，写真を撮った人など複数の著作者がいる場合や，音楽資

6-4表　著作者の権利と著作隣接権

著作者の権利		著作隣接権	
著作者人格権		**実演家の権利**	
公表権	未公表の著作物の公表を決定する権利	録音権・録画権	実演を録音，録画する権利
氏名表示権	著作者名の表示を決定する権利	放送権・有線放送権	実演を放送，有線放送する権利
同一性保持権	著作物の内容，題号を改変されない権利	送信可能化権	ホームページへの登録などにより，公衆に自動的に送信できるようにする権利
著作権（財産権）		商業用レコードの二次使用	商業用レコードの放送，有線放送に対し，使用料を受け取る権利
複製権	複写，印刷，写真，録音，録画などにより複製する権利		
上演権，演奏権	公に上演，演奏する権利	譲渡権	実演の録音，録画物を公衆に譲渡する権利
上映権	公に上映する権利。すべての著作物をディスプレイ画面等に映写する権利を含む	貸与権等	商業用レコードを貸与または報酬を請求する権利（期限後）
公衆送信権等	公に送信する権利。インターネット，ファクシミリ送信等	**レコード製作者の権利**	
		複製権	レコードを複製する権利
口述権	朗読，録音物等により言語著作物を口頭で公に伝える権利	送信可能化権	実演家の場合と同じ
展示権	美術の著作物，未発表の写真の著作物の公の展示	商業用レコードの二次使用	実演家の場合と同じ
頒布権	映画の著作物の公衆への販売，貸与	譲渡権	実演家の場合と同じ
譲渡権	映画著作物を除く著作物の原作品，複製物の公衆への譲渡	貸与権等	実演家の場合と同じ
貸与権	映画著作物を除く著作物の公衆への貸与	**放送事業者の権利**	
		複製権	放送を録音，録画，写真等により複製する権利
翻訳権・翻案権等	著作物の翻訳，編曲，変形，脚色，映画化，翻案等の権利	再放送権・有線放送権	放送を受信して，これを再放送，有線放送する権利
二次的著作物の利用に関する権利	翻訳，翻案等の二次的著作物を利用する権利	テレビ放送の伝達権	放送を受信して，拡大する特別の装置で公に伝達する権利

料などでは著作隣接権者が別に存在する場合もあるので注意が必要である。

また，利用の許諾だけではなく，譲渡や相続，質入等の処分も自由に行うことができる。この処分により著作権が変動した場合の著作権の保有者を著作権者という。映画を除いて，著作権の発生時には著作者が著作権をもつが，その後，譲渡や相続が行われた場合，著作者と著作権者とは異なることになる。

d．著作権（著作者人格権・著作者財産権）

著作者人格権は著作物を創作した著作者の人格的・精神的利益を保護するものであり，著作者が築き上げた名誉・信望（評判・名声など）を損なう恐れのあるような著作物の利用行為を無断で行えないようにするものである。たとえば，失敗作を公表したり，勝手な名前を表示したり，内容を勝手に書き換えることを著作者に無断で行ってはならない。具体的には，公表権（公表されていない著作物を公衆に提供・提示するかしないかを決定する権利），氏名表示権（実名や変名を表示するか否かを決定する権利），同一性保持権（内容やタイトルを無断で改変されない権利）からなる。財産的権利としての著作者財産権は譲渡できるが，この著作者人格権は著作者に固有の権利であり，他人に譲渡はできない。

e．著作権の保護期間

著作者の名義によって保護期間が変わってくる。本名で公表すれば，生存中および死後50年間までであるが，匿名で公表すれば，公表後50年間となる。保護期間は長期化の傾向にあり，わが国では昭和45(1970)年の法改正の際に，30年間から50年間に延長された。EC諸国などはすでに70年に延長されている。わが国でも平成16(2004)年からは映像を含む映画の著作物に限り，発表後70年に延長された。(改正法附則2条)。これでわが国の映画の保護期間もイギリス・フランス・ドイツ・イタリアと同様になったが，アメリカの場合はさらに長く，95年である。

f．著作権の制限

著作権制度は，そもそも文化の向上に資することを目的としているが，あまりに著作者に強い権利をみとめると，著作物の公正な利用を阻害する逆効果も

出てくる恐れがある。そのため,「著作権法」では特定の公正な著作物の利用行為については,著作権者の経済的利益を著しく損なわない範囲で著作権を制限し,自由に利用できることとしている。図書館等における複製の規定(第31条)の場合は,その果たす公共的な役割にかんがみて設けられている。この著作権の制限に該当する項目を挙げると,以下のようなものがある。[1]

① 私的使用のための複製(第30条)
② 図書館等における複製(第31条)
③ 引用(第32条1項)
④ 国等の出版物の引用(第32条2項)
⑤ 教科用図書等への掲載(第33条)
⑥ 拡大教科書の作成等(第33条の2)
⑦ 学校教育番組の放送等(第34条)
⑧ 学校その他の教育機関における複製等(第35条)
⑨ 試験問題としての複製等(第36条)
⑩ 点字における複製等(第37条1項)
⑪ 聴覚障害者のための自動公衆送信(第37条の2)
⑫ 営利を目的としない上演等(第38条)
⑬ 時事問題に関する論説の転載等(第39条)
⑭ 政治上の演説等の利用(第40条)
⑮ 時事の事件の報道のための利用(第41条)
⑯ 裁判手続等における複製(第42条)
⑰ 情報公開法等による開示のための利用(第42条の2)
⑱ 翻訳,翻案等による利用(第43条)
⑲ 放送事業者等による一時的固定(第44条)
⑳ 美術の著作物等の原作品の所有者による展示(第45条)
㉑ 公開の美術の著作物等の利用(第46条)
㉒ 美術の著作物等の展示に伴う複製(第47条)
㉓ プログラムの著作物の複製物の所有者による複製等(第47条の2)
㉔ 複製権の制限により作成された複製物の譲渡(第47条の3)。

---

1) 日本図書館協会著作権委員会編『図書館サービスと著作権』改訂版 日本図書館協会 2003 p.7-8.

g．自由に利用できる著作物（第6条）

国際的著作権条約，すなわち，「ベルヌ条約」「万国著作権条約」「知的所有権の貿易関連の側面に関する協定」「著作権に関する世界知的所有権条約（WIPO著作権条約）」のいずれにも加入していない国の著作物は，日本では自由に利用できることになる。しかし同時に，それらの国では日本の著作物も保護されないことになる。ネパール，ブータン，ベトナム，アフガニスタン，イラク，イラン，エチオピア，ソマリア，サモア，ミクロネシアなどの国がこれに該当している。また保護期間が消滅した著作物も当然，自由に利用できる。さらに，憲法その他の法令，告示，判決などその情報の伝達促進が意図されるものも自由に利用できる。

h．著作隣接権

著作物を伝達する役割を果たしている実演家（俳優，舞踊家，演奏家，歌手その他実演を行う者，実演を指揮し，又は演出する者），レコード製作者，放送事業者などに与えられた権利。

近年，著作物の表現方法は多種多様化しており，著作隣接権はそれに携わる伝達者，媒体の権利を一括して保護する理論的根拠となっている。

i．外国の著作物

外国の著作物は各種条約に加入していない国の著作物および国交のない国の著作物は保護の対象とはならない。日本と保護期間が異なる国の著作物に関しては，保護期間が短い方が適用されることになる。

第二次世界大戦の連合国の戦争期間中の著作物に関しては，日本国内では戦時中に著作物が保護されなかったという理由から加算措置をとることになっている。たとえば，アメリカ，イギリス，カナダ，オーストラリア，フランスなどは約10年5ヵ月を保護期間として上乗せしなければならない。

j．罰　則　等

「著作権法」では，以下のような行為などに対する罰則規定を設けている。

① 著作者人格権・著作権・出版権または著作隣接権を侵害する行為，および侵害の恐れのある行為

② 著作者の名誉・信望を害する方法により著作物を利用する行為
③ 虚偽の氏名表示を行った著作物の複製物を頒布する行為

　図書館と関係するケースとしては，たとえば，盗作などの著作権侵害の事実を知った上で，その資料を貸し出す行為または複写を行う目的で所蔵する行為は第113条1項2号に該当する恐れがある。

　なお，罰則規定では罰則行為に従って，5年以下の懲役刑または500万円以下の罰金刑，1年以下の懲役刑または100万円以下の罰金刑等が課されることになっている。

2．図書館サービスと特に関係する著作権法上の規定

　図書館サービスは基本的に図書館資料を基にして行われるが，その図書館資料のほとんどは著作物であり，「著作権法」の規定に従ってサービスを提供しなければならない。以下に，主な図書館サービスごとに著作権との関連を踏まえて簡単に説明する。

（1）閲　　覧（第22条の2，第38条1項）

　紙媒体の資料を閲覧に供する場合には，著作権法上の権利対象とはされていないので問題ない。しかし，近年増加している電子媒体の資料の場合は，上映権が関係してくる（第22条の2）。ただし，非営利・無料閲覧の図書館サービスでは，実際には問題とならない。

（2）貸　出　し（第26条の3，第38条4項，5項）

　図書館資料の利用者および他館への貸出しに関しては，非営利・無料の場合は自由に貸出しできる（第38条4項）。

　しかし，映画の著作物の貸出しに関しては，それを行うことができる施設が限定されている。また，著作権者に補償金を支払う必要がある（第38条5項）。そのためビデオソフトやLD，DVDソフトだけではなく，映像が入っているCD

－ROMを貸し出す際には注意が必要である。

図書館における資料貸出しに関しては，文芸家関係団体からヨーロッパ諸国を中心に実施されているいわゆる「公貸権(こうたいけん)」制度の導入，一定期間の貸出猶予，1館あたりの複本冊数制限などが提起されている。公貸権に関しては後述する。

6-5表 図書館サービスと関係する「著作権法」の条項

サービス	関係する条項
閲覧	
書籍・雑誌	権利規定なし
視聴覚メディア	38条1項
貸出し	
映画以外の著作物	38条4項
映画	38条5項
複製	31条1号
障害者向けサービス	
点字化	37条1項
録音図書作成	37条3項
対面朗読	38条1項
拡大写本・拡大コピー	31条
ネット配信	37条2項, 37条の2
上映会	38条1項

注）映画については公共図書館のみ

（3）複　　　写（第21条，第31条1号）

複写サービスは複製を行うサービスなので，複製権がはたらく（第21条）。しかし，第31条（図書館等における複製）により，一定の要件を満たせば許諾の要なく，複製を行うことが認められている。

この規定は大学図書館，公共図書館その他の政令で定める図書館等が，営利を目的としない事業として，図書館資料に収載された著作物の複製を行うことを認めるものである。ここでいわれる「図書館等」には以下のようなものが含まれる。①国立国会図書館，②公共図書館，③大学・高専・短大の附属図書館，④博物館・美術館・資料館等に設置された図書室や地方議会法図書室で公開されているもの，⑤省庁や地方公共団体附属研究所等で一般公衆の利用を認めているところ，⑥病院図書館，商工会議所図書室，専門図書館の一部。学校図書館がこの中には含まれていない点は注意を要する。

なお，学校図書館における複写は第31条ではなく，第35条の「学校その他の教育機関における複製」をあてはめている。2003（平成15）年度の著作権法改正によって第35条の複製の主体に「授業を受けるもの」も含められたことにより，

児童・生徒の学習用コピーが可能となった。

1）複写サービス　複写行為は図書館等が主体となって行わなければならないことになっているので，図書館へのコイン式コピー機導入や複写委託は本来認められないことになる。しかし最近では，図書館職員が第31条の要件を満たすかどうかのチェックを行えば差し支えないという見解が有力になっている。その際には，以下のような要件が課せられている。

① 申込主体は図書館等の利用者であること
② 図書館等の利用者の求めに応じて行われること
③ 調査研究の用に供する目的であること（「調査研究」は日常生活上の調査，製品開発に関連する調査等も含めた幅広い概念として理解されている）
④ 対象となる著作物が公表されたものであること
⑤ 複写できる範囲は著作物の一部分であること
⑥ 一人につき一部のみ提供すること

⑤の「一部分」とは著作物の「少なくとも半分を超えないもの」と一般的に理解されている。たとえば，単行書は作品本文の半分まで，複数の作品・論文から構成される単行書では，個々の作品・論文の半分までとなる。百科辞典では項目ごとに著作者が明示されている場合はその項目の半分までとなってしまう判例がでている。[1] 定期刊行物の場合は，「発行後相当期間を経過した定期刊行物に掲載された個々の著作物にあっては，その全部」が複写提供可能となっている。この場合の「発行後相当期間」とは，次号が発売されるまで，と一般的に解釈されている。

また，⑥の複写申込はファックス，電子メール等で行うことができるが，複写物の送付は郵送に限定される。これは，著作権制限が公衆送信にまで及んでいないからである。これに関しても図書館側からの要望に対して協議が続いている。[2]

1）「多摩市立図書館事件判決」東京地裁　1995年4月28日判決。

大学図書館や専門図書館だけでなく，近年は公共図書館においても複写に関する問題が顕在化してきている。なかでも「著作権法」第31条ではなく，第30条に基づく私的コピーとして処理する市立図書館の事例が議論を呼び，著作権者からの批判のみならず，図書館関係者からも懸念が表明されている。[1]

2）図書館資料保存のための複製　所蔵資料の一部欠損，汚損等の場合に補完目的で複製することや，マイクロ化，古書・貴重書等の複製は可能である。

（4）障害者サービス（第37条，第38条，第31条）

図書館サービスを利用するにあたって，視覚，聴覚その他なんらかの障害のために図書館資料にアクセスすることが困難な利用者に対して，図書館は音訳テープや拡大写本，点字資料作成などを行っている。これらの行為は「著作権法」上の「複製」あるいは「翻案」といった行為に該当することになる。また最近では，音声データをネットワーク上からダウンロードすることを可能にするサービスも行われている。これは「公衆送信」という行為に該当する問題となってくる。

a．視覚障害者向けサービス

視覚に障害のある人々に対し，資料の閲覧環境を保障するために図書などに印刷されている文字を点字や音声に変換したり，変換した点字のデジタルデータをネットワークに掲載することを，著作権者の許諾なしに行うことができる。この規定は，点字図書の製作，点字データへの変換とインターネット上での流通，録音図書の製作の三つから構成される。

1）点字図書の製作　公表された著作物については自由に点字により複製

前頁2）　法改正はまだ実現していないが，学術情報をファックス等で国内外に送ることへの要望の強い大学図書館と権利者団体（日本著作出版権管理システム，学術著作権協会，日本複写権センター）との間で，大学図書館間の相互貸借に限ってファックス送信等でのデータ送信に関する合意書を2004年3月交わしており，大学図書館間では複写物のファックス送信ができるようになっている。）（『図書館雑誌』Vol.98, No.11　日本図書館協会　2004　p.862.参照）。

1）　前田章夫「著作権法をめぐる最近の動向」『みんなの図書館』308　図書館問題研究会　2002　p.20-26.参照。

できると規定されており，営利目的により点字図書を製作する場合も適用される。これはその部数も少なく，著作権者へ経済的影響がほとんどないと考えられていることによる。点字データへの変換とインターネット上での流通に関しては，パソコンネットワークによる点字データの保存・送信を自由に行うことが認められている。

2）録音図書の製作　点字図書製作の場合と異なり，健常者への転用等の可能性を考慮して，さまざまな制約が課せられている。まず，行為者が「点字図書館その他の視覚障害者の福祉の増進を目的とする施設で政令で定めるもの」に限定されている。そのため，国立国会図書館や公共図書館，その他のほとんどの大学図書館などが録音図書作成を行うには，著作権者の許諾を得なければならない。[1]

作成された録音図書の用途はもっぱら視覚障害者向けの貸出しに限定されている。また，録音図書の作成対象となる著作物の範囲は，「公表された著作物」と規定されている。

3）対面朗読　非営利・無料で行う場合には第38条1項により，許諾は必要ない。なお，朗読者に対する報酬が支払われている場合は，この規定は適用されないので，ボランティア等には交通費・実費の適正範囲を超えないように注意が必要である。

4）拡大写本の作成　自由に作成できる規定は設けられていないので所蔵資料の拡大コピーは第31条を適用して，半分を超えない範囲で行うことになる。

b．聴覚障害者向けサービス

聴覚障害者向けのサービスに関しては，基本的に文字が読めることから，資料提供の面よりはコミュニケーションに主眼が置かれる場合が多い。ビデオに字幕や手話を挿入する場合には，ビデオ製作会社の許諾が必要となる。平成12（2000）年の法改正により，放送番組にリアルタイムで字幕をつける場合の権利制限規定が設けられたが，ビデオ資料に対する字幕挿入は対象外となっている。

---

[1]　視覚障害者から公共図書館資料の録音図書作成に対する要望が多いことから，この行為者を公共図書館等に拡大することを権利者側と視覚障害者団体，図書館などで協議している。

2. 図書館サービスと特に関係する著作権法上の規定　　　　　　　　*129*

視覚障害その他の理由で活字のままでこの本を利用出来ない人のために，営利を目的とする場合を除き「録音図書」「点字図書」「拡大写本」等の製作をすることを認めます。その際は著作権者，または，出版社まで御連絡ください。

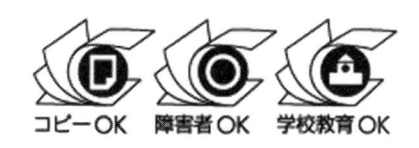

6-2図　EYEマーク　　　　　　　6-3図　自由利用マーク

c.「EYEマーク」「自由利用マーク」

　特定の場合を除き，音訳や拡大写本を行う場合には著作権者からの許諾の必要がある場合が多い。しかし，図書の奥付に障害者向けの複製を許可するという内容の記載があり，著作権者からの許諾が明示されている場合もある。また，「EYEマーク推進運動」により，録音図書や拡大写本の製作についてあらかじめ許諾をするという意思を示すために，「EYEマーク」を奥付に表示している場合もある。[1]これにより，図書館では著作権者から許諾を得るための労力と時間が軽減される。また，文化庁では，「自由利用マーク」の普及を図っているがその一つに「障害者のための非営利目的利用　OKマーク」がある。このマークがついているものは非営利利用目的で自由に利用できる。[2]

(5) 上映会等（第38条）

　上映，演奏，上演，貸与等に関して，非営利・無料による場合は，著作権者の経済的利益に及ぼす影響が少ないという理由で認められている。この規定で

---

1) 「EYEマーク・音声訳推進協議会」http://www.bba-book.net/eyemark/（最終アクセス：2004年12月5日）
2) 文化庁は平成15(2003)年2月，著作者が自らの著作物の自由利用を許諾するマークを策定した。これがついている著作物は，著作権者に無断で利用できるようになる。マークには「コピーOK」「障害者OK」「学校教育OK」の3種類ある。たとえば「コピーOK」は，プリントアウト，コピー，無料配布のみを認め，送信は認めないとの条件つきで使用される。(http://www.bunka.go.jp/jiyuriyo/　最終アクセス：2004年12月5日)

自由に利用できるものは，いわゆる無形複製と呼ばれる利用形態で上演，演奏，上映，口述，有線放送，公の伝達，貸与，貸与による頒布，の八つである。[1]

　非営利・無料による貸与（第38条4項）に関しては，昭和59（1984）年の法改正によって貸与権が新設され，映画の著作物を除くすべての著作物について非営利・無料の場合に限り，自由に貸出しができることになった。図書館資料の貸出しもこの規定に拠っている。なお，映画の著作物に関しては5項で，公共図書館，視聴覚ライブラリー等で，著作権者に補償金を支払うことについて規定されている。補償金に関しては，日本図書館協会が日本映像ソフト協会と補償金の額について協議を行っているが，現在は以下の二つのルートが設けられている。

① 　日本図書館協会ルート……日本図書館協会が著作権者と直接交渉して，補償金ではなく，個人視聴のための貸与許諾を得ている。この際，定価の中に補償金を含む契約を交わしている。図書館は日本図書館協会からビデオソフトを購入する必要があり，著作権者から送られてくる「個人視聴用貸与承認」のシールをビデオソフトに貼付することにより貸出しを行うことができる。最近はDVDの点数も増加している。

② 　日本映像ソフト協会ルート……1993（平成5）年から公共図書館向けに，邦画・テレビ作品中心に補償金処理済みのビデオソフトのカタログを発行している。これに基づいて各図書館が直接販売会社に発注する。この場合，補償金の額は映画会社によって異なるが，市販ビデオより割高である。

1）　図書館が行う無料上映会については，1980年代から映画会社や映画興行主による抗議や自粛要望が行われるようになったため，日本図書館協会では専門委員会を設置して，1996（平成8）年9月に「図書館におけるビデオ映画上映の基本的方針と上映作品選定の基準について」を発表した。その中には，① 興業と見まがう上映の自粛，② 優れた映像資料に選定，③ 頒布後3年以上経過のビデオ作品を上映，④ 映画館・レンタルショップなどで見られなくなった作品を優先，⑤ 活字資料とのかかわりを優先などのガイドラインが盛り込まれている。

3．電子メディア・電子的なサービスと著作権

（1） 電子メディアと著作権

　メディアの急速な多様化を受けて，「著作権法」は近年改訂を繰り返している。デジタル技術の発達やパソコン普及に伴い，これまで紙媒体で提供されてきた資料が電子媒体に変わったり，情報ネットワークのサーバーから送信されたりするようになってきた。これにより，電子ジャーナルやオンライン・ジャーナルといった電子形態でしか刊行されない学術雑誌や，CD-ROMなどの形で出版される辞典類なども増えている。図書館では，これらの電子出版物の利用と提供はその性質や「著作権法」上の扱いが紙媒体の場合とは異なる場合もあるため，注意する必要がある。

　電子出版物の利用に関する著作者の権利としては，複製権，公衆送信権，伝達権，上映権，譲渡権，貸与権，頒布権の七つがある。

　1）**閲　覧**　電子メディアの閲覧は紙媒体とは異なり上映権の対象となる（第22条の2）。ただし，館内で電子出版物やビデオソフト，DVDソフトなどをモニターを通して閲覧したり視聴するのは，非営利・無料の上映に該当するので，許諾は必要ない（第38条1項）。

　2）**複　写**　電子メディアの複写は紙媒体と同様に，複写権の対象となる（第21条）。これも紙媒体と同様に一定の条件のもとで，自由に提供できる（第31条1号）。

　ただし，いわゆるオンライン・ジャーナルに代表されるインターネット上の電子出版物は，図書館等の所蔵資料には該当しないとされている。[1]

　3）**送　信**　電子メディアの送信は電子出版物をLAN（構内通信網）を通じて図書館内ホストコンピュータやサーバーから端末に送信することは，CD

---

[1] 図書館側からこの複写を許諾なしで行えるよう，法改正の要望が出されているが，現在当事者間で協議中である。

－ROMやDVDをオートチェンジャーに入れてホストコンピュータやサーバーの代わりにする場合には自由に行うことができる。しかし，電子出版物をサーバーに蓄積したり，不特定の相手に送信するには著作権者の許諾が必要となる。

4）貸　与　電子メディアの貸与に関しては動画が収載されていなければ，紙媒体と同様に自由に貸与できる（第38条4項）。動画が収載されている場合は，視聴覚教育施設（公共図書館，視聴覚センター等）において補償金を支払った上で，はじめて自由に貸与可能となる（第38条5項）。

（2）　電子図書館

1990(平成2)年頃からわが国においても国立情報学研究所，国立国会図書館，筑波大学，奈良先端科学技術大学院大学などで電子図書館の実現に向けた試みが行われるようになった。ここで言ういわゆる「電子図書館」とは，図書館資料を電子化してネットワークを通じて提供する仕組みをいい，そのサービスを「電子図書館」サービスという場合もある。著作者の権利に関係する行為としては，図書館資料を電子化する行為と，ネットワークを通じて送信する行為の二つがある。前者は，ハードディスクなどに記録することなので「複製」に該当する。また，後者は，「公衆送信」に該当する。

「電子図書館」がそのサービスネットワークなどを通じての送信を実施する場合には，原則として著作権者の許諾を得る必要がある。しかし実際には，著作権者の所在確認だけでも大変な作業になり，文化庁長官の裁定手続きを行わなければならないこともある。この文化庁長官の裁定手続きとは，インターネットや新聞広告などで著作権者の所在情報を募集した後もなお不明の場合，補償金額を明らかにした上で文化庁長官に裁定申告を行い，答申結果が通知された補償金について法務局で供託の手続きをとるものである。国立情報学研究所や筑波大学附属図書館などでは，著作権者の集中化およびその範囲の限定を行い，許諾手続きの労力軽減化を図っている。

貴重書や古文書などを対象として電子図書館的にサービスを送信する場合は，著作権が消滅している可能性が高いため，許諾権者から許諾を得る手続きを必

要としないことが多いが，江戸時代以前の資料を除いては，著作権が消滅したかどうかを確認する必要がある。たとえ著作権が消滅していても，第三者の財産として所有権が確定している貴重書や古文書の利用となると，媒体変換には著作権以外の権利処理手続きが必要になる場合がある。

　図書館と著作権の問題を考えるとき，電子資料とそれ以外の資料を分けて考えることは必ずしも適切とはいえない面もあるが，一つの切り口としてしばしば取り上げられる。現在の「著作権法」ではメディアによって著作物の扱いが変わることはない。メディアが何であれ伝えている内容や記録されている内容が著作物であり，その著作物の著作権を考えればよいことになる。図書館で所蔵しているCD-ROMから記録されているある雑誌論文をプリントアウト，すなわち複写して利用者に渡すことも，紙に印刷された形の雑誌から論文を複写するのも変わらないことになる。案内や書誌にはもともと著作権がないので，インターネットから案内や書誌事項をダウンロードして利用者に複写して渡すこともできる。

4．著作権の集中管理機構

　著作権集中処理機構（Copyright Clearance Center）とは，著作権の保護を目的として関係する著作権権利者の権利を集中的に管理し，著作物利用者から一定の著作権使用料を集め，これを配分する機能をもった機関である。わが国では1939(昭和14)年設立の日本音楽著作権協会（JASRAC）や1991(平成3)年設立の日本複写権センターなどがある。集中処理機構方式の採用により，個々の著作権者の許諾なしに著作物利用ができるようになるが，この方式には著作権使用料の設定，徴収した著作権料の配分方法，処理機構自体の運営経費などの問題がある。日本複写権センターのしくみを例示した（6-4図）。

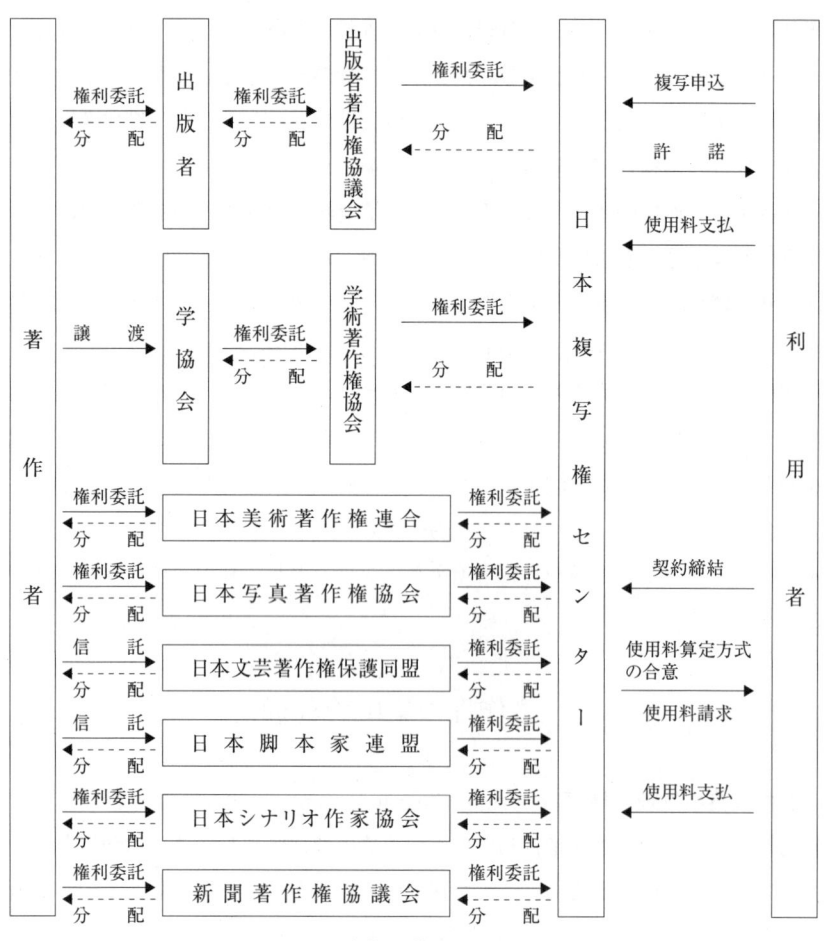

6-4図　日本複写権センターのしくみ

5．著作権と「公貸権」に関する問題

　現代の図書館は，利用者志向に基づく図書館サービスの積極的な提供を心がけている。その結果，近年，特に公立の公共図書館を中心に蔵書の貸出冊数の伸びが目覚しい。この結果は社会的にも関心を引くことになった。すなわち2004

年度の時点で，公共図書館の年間貸出冊数の合計は約7億冊であり，これは出版業界の年間売り上げ冊数にほぼ匹敵する。このような事態に，出版業界団体から，新刊本に対する図書館での無料での貸出サービスに対して，「図書館がいかに新刊本を正価で書店を通じて購入するとはいえ，書店の店頭に新刊本が出ると同時に図書館も新着本として新刊本を無期限に無料で貸し出すのはいかがなものか。この図書館の無料貸出サービスによる，著作権者，出版社，書店等の逸失利益は無視できない額になっている。」という見解が図書館界に対して表明されるに至った。

これに対して，主たる非難の対象となっている公共図書館側からは，無制限な無料貸出サービスは現行の図書館法の趣旨に照らして，正当なサービスであること，無制限無料の貸出サービスを通じて読書人口が拡大し，長い目で見て，出版業界の発展に貢献していること，図書館での貸出しの伸びが書店店頭での売り上げの増大にも寄与している事実があること，図書館利用者層と書店での書籍購入者層とが大きくは重複していないこと，などをあげて反論している。さらに，このような基本的な図書館サービスへの非難を未然に防止すべく，複本冊数の制限，予約受付けサービスの再検討，新着本提供時期の見直しなどの措置をとる図書館もある。

しかし，相互の見解の対立は容易に収束しそうにない。そこで，イギリス，ドイツ，カナダ，オーストラリア，北ヨーロッパ諸国などで採用されている「公貸権」という制度の導入が必要とする意見も出されている。

公貸権とは図書館の貸出しにより著作権者，出版社等に生じた経済的な損失（逸失利益）を一定範囲において図書館またはそれに代わる機関からの醵金（きょきん）でまかなうことにより，図書館の基本的なサービスである自由な閲覧・貸出サービスを維持するという制度である。

この制度のわが国への導入は，図書館資料費の減少が続くわが国では図書館界からの強い抵抗が予想されるが，日本図書館協会による視聴覚資料の著作権処理方式は，実質的な公貸権方式による著作権処理に近いとも考えられる。

いずれにせよ，この問題は，図書館サービスの基本である無料閲覧・貸出サービスと著作者財産権の保護という著作権思想や，出版・書籍小売業の逸失販売額の補償との関係をいかに調整するかという問題を含んだ図書館サービスの基本に関わる根本的な課題として，今後の専門的検討が待たれる。

第7章　図書館サービスの測定と評価

1．評価の概要

　図書館は資料と情報の提供を中心としてさまざまなサービスを実施しているが，より良いサービスを行うためには，そのために投入された人的・物的資源や費用がどれだけ効果的・効率的に用いられたのか，あるいは，そのサービスによって利用者のニーズを十分に充足することができたかについて，定量的・定性的な観点から評価が行われなければならない。図書館サービスの種類と範囲は，図書館の種類・規模・地域などによって異なっており，その評価の目的や方法もさまざまであるといえる。

　以下では，図書館サービスを中心とする図書館評価の基本的な概念を整理し，解説を行う。

（1）評価の目的と主体

a．公立図書館と行政評価

　わが国では，地方財政の緊縮，地方分権と市町村合併の趨勢(すう)，情報公開制度の確立といった自治体を取り巻く環境の変化と呼応して，近年，行政評価の必要性が認識されるようになっており，インターネット等を通じてその結果を一般に公開している例も多いが，その一環として，公立図書館を対象とした評価事例も数多く存在する。

　行政の活動は一般に，最も抽象性の高い自治体の基本的な方針・目標である「政策」と，その政策目標を達成するための手段である「施策」，さらにその施策を実現するための具体的な「事務事業」という，ピラミッド型をなす三つの層によって構成されていると考えられており，各々のレベルにおいて評価が行

われることになる。

　たとえば，自治体における文化政策の一つとして，新規に図書館を設置するという状況を想定すると，当該地域に図書館を設置することの有効性についての評価は，ここでいう施策評価に該当し，図書館において提供されるさまざまなサービスに関する評価は，事務事業評価ということになるだろう。

ｂ．大学図書館における自己点検・評価

　一方，1991(平成３)年の「大学設置基準」の大綱化の際に，自己点検・評価の努力義務（のち，実行義務）が条文化されたことに伴い，大学図書館界においても自己点検・評価に対する関心が高まり，いくつかの関連団体によって，評価のためのマニュアル類が作成されるとともに，数多くの評価事例が公表されてきた。

　ちなみに，「大学設置基準」における自己点検評価に関する条文は，2002(平成14)年に，上位法規である「学校教育法」において，自己点検・評価についての規定が整備されたことに伴い，2004(平成16)年に削除された。これは大学に限らずすべての学校が設置時のみならず定例時に評価を行う必要性を意味する。

ｃ．外部評価，第三者評価

　一般に，図書館評価は，図書館自身，あるいは，その設置母体が行うものであるが，実際には，その他の主体によって行われる場合も少なくない。たとえば，当事者から外部の調査機関などに委託して行われる「外部評価」，あるいは権威ある機関や研究者，市民団体などが中立的立場から行う「第三者評価」などもあり，評価主体の異同によって，その目的や分析の視点は大きく異なってくる。いずれにせよ，特定の図書館について適正な評価を行うためには，当該館の協力は不可欠であることはいうまでもない。

　この外,やや趣旨は異なるが，アメリカでは，図書館を含む大学の格付けが一定の社会的評価を得ているが，わが国においても，朝日新聞社の「大学ランキング」といった類似の試みがなされており，そこでもやはり，大学図書館が評価要素に組み込まれている。

（2） 評価の局面

　図書館に限らず，一般に，多くの組織体の多様な活動は，「投入（input）」，「産出（output）」「過程（process）」「成果（outcome）」といった四つの局面に分類することが可能であり，各々の局面に関連する統計項目や評価指標が存在している（これに加えて，組織体に蓄積される「資本（capital）」を考慮する場合もある）。たとえば，図書館の基本的なサービスの一つである資料の貸出しに着目すると，「資料費」や「受入資料数」は投入（入力）要素であり，「貸出点数」は産出（出力）要素である。

　また，「過程」とは，投入を産出に変換する組織体内部の活動を指し，図書館サービスの評価おいては，「貸出1冊当たりの平均費用」だとか「蔵書回転率（＝貸出冊数÷蔵書冊数）」といった効率性の指標によって測定されるものであるととらえられている。ただし，組織体としての図書館全体の評価を志向するならば，そうした効率性の指標のみにとどまらず，「職員組織の合理性・柔軟性」や「職員の勤労意欲」といった組織体内部のさまざまな側面に焦点をあてた評価が可能である。

　さらに「成果」については，そもそも設置母体が図書館を設置した目的や図書館活動の意義に照らして，どれだけの成果が得られたのかを測定すべきものであると考えられる。しかしながら，産出と成果とが明確に弁別されず，混同されている例も多い。また，単なる産出（アウトプット）ではなく，図書館サービスの成果という曖昧で複雑な概念を，どのような現象によって代表させ，測定するべきかについては，さまざまな館種において，必ずしも定説となるような答えは見出されておらず，この局面における評価の既往事例は少ない。現時点では，「利用者満足度」（一般には，顧客満足度）が成果を測定するための数少ない定性的な指標として広く認知されている。

（3） 評価のレベルと規準

　ランカスター（F. W. Lancaster）[1]は，どのようなタイプの図書館サービス

についても「効果（effectiveness）」「費用対効果（cost-effectiveness）」「費用対便益（cost-benefit）」という三つのレベルにおいて評価を行うことが可能だと述べている。

a．効　果

私たちは日常的に，「効果があった」とか「効果的であった」などと言うことがあるが，ここでの効果もそれと同義であり，当該サービスがその利用者の要求をどの程度充足することができたかを測定するものである。つまり，目標や目的の達成度（パフォーマンス）の評価ということになるだろう。

また，この効果やパフォーマンスを評価する際には，① 量的規準，② 質的規準，③ 時間的規準，④ 費用的規準，といった四つの規準の存在することが指摘される。たとえば，レファレンスサービスに関していえば，まず，一定の期間内に何件のレファレンス質問を処理することができたか（量），また，そのレファレンス質問に対する正答率や利用者の満足度はどの程度であったか（質），さらに，利用者から依頼のあった情報や資料を提供するためにどれくらいの時間やお金を要したか（時間，費用），といった複数の観点から評価を行うことができる。

b．費用対効果

費用対効果とは，利用者の要求をどの程度，効率的に充足することができたかを測定するものであり，とくに費用に重点を置いた効率性の評価ということになる。また，一概に費用対効果といっても，実際には，さまざまな規準が存在していることに留意しておかなければならない。たとえば，複数の代替案のうち，費用対効果の観点から，最も優れたプロジェクトを採択するといった状況を想定した場合であっても，① 費用一定で効果最大，② 効果一定で費用最小，③ 費用効率の最大化，といった三つの異なる評価規準が考えられる。これに加えて，現実の評価の場面では，サービスの質や精度，あるいは，サービスの所要時間といった要素も加わってくることになるから，評価を行う際には，

前頁1）　Baker, Sharon L., Lancaster, F Wilfrid. *The Measurement and Evaluation of Library Services* 2nd ed. Arlington, Information Resources Press　1991　411p.

どの規準をより重視すべきであるかについて，あらかじめ，主体的な判断が行われる必要がある。

c．費用対便益

費用対便益とは，図書館サービスを行うために投入された費用に見合うだけの便益（利益）を利用者が享受することができるか否か（もしくは，できたか否か）を評価するものである。ここでは，図書館サービスのアウトプットを貨幣価値に換算することから，インプットである費用と全く同じ単位での比較を行うことができるようになる。したがって，当該サービスを実行すべきか，あるいは，当該サービスが真に価値あるものであったかについて，客観的な判断を下すことができるだけでなく，図書館以外のさまざまなサービスとの比較も円滑に行えるようになるといった利点がある。

ところが，実際には，図書館の利用者がサービスに対して直接的に料金を支払うという状況は稀であるから，なんらかの方法を用いて，その価値を推定しなければならない。これまで，図書館サービスの経済価値を測定するためのさまざまな手法が提案されてきたが，代表的なものとして，「代替法（substitution method）」「トラベルコスト法（travel-cost method）」「仮想評価法（contingent valuation method）」の三つが挙げられる。

1）代替法　類似の市場サービスの料金を，価格を持たない図書館サービスの価値に置き換えるという方法であり，たとえば，図書館における貸出し1冊当たりの価値を，レンタルブック店での貸出し1冊当たりの料金によって代替するといったものである。この方法が正当化されるためには，市場に図書館サービスと酷似したサービスが存在していなければならないが，実際には，質的にも量的にも完全に同一のサービスが提供されている例は少ないから，注意が必要である。

2）トラベルコスト法　図書館を訪れるために要した交通費や時間の価値を測定し，それを図書館サービスの価値とみなして評価するという方法である。すなわち，図書館を利用するために一定のお金や時間を費やしたということは，そのサービスには少なくともそれだけの価値があったと考えるというものであ

る。ここでは，時間の価値を貨幣価値に変換する際に，もしも利用者がその時間労働していた場合の時給（機会費用）などを用いることが一般的に行われているが，その信頼性には，やや疑問が残される。

また，これと似た方法として，図書館員が利用者の情報収集や情報利用のための時間をどれだけ短縮することができたかによって，サービスの便益を測定するといった事例も数多く存在する。

3）**仮想評価法**　当該サービスに対する「支払い意志額（それを得るために支払ってもよいと考える金額）」や「受入れ補償額（それが失われるならば受けることが妥当だと考える補償金額）」を利用者に直接尋ねるという手法である。これは，代替法やトラベルコスト法とは違って，どのようなタイプのサービスについても容易に適用することができるという利点がある反面，こうした主観的な方法には必然的に付随する問題ではあるが，調査のさまざまな段階でバイアスがかかってしまい，得られるデータの現実性が損なわれる危険性のあることが指摘される。

いずれにせよ，図書館サービスの便益を測定するための決定版と呼べるような方法は未だ見出されているとはいえず，どの方法にも長所と短所があるからそれを十分に見極め，状況に応じて最も適切であると考えられるものを用いることが必要である。

d．巨視的評価と微視的評価

この外，キング（Donald W. King）とブライアント（Edward C. Bryant）[1]は，「巨視的評価（macroevaluation）」と「微視的評価（microevaluation）」という二つのレベルの評価があると指摘する。

ここで，巨視的評価とは，図書館システムの現状や問題点を，さまざまな統計データや評価指標などを用いて記述的に把握し，評価していこうというものである。一方，微視的評価とは，図書館システムの実態を把握するだけに止まらず，特定の現象にどのような要因が関与し影響を与えているのか，あるいは

---

1) King, Donald W., Bryant, Edward C. *The Evaluation of Information Services and Products*. Washington, Information Resources Press, 1971, 306p.

問題点を改善するためにはどのような行動を起こさなければならないのかを探求する診断的評価であると述べられている。

2．評価の方法

（1） サービス計画と目標の設定

一般に，図書館評価は，

　計画（plan）→ 実行（do）→ 評価（see）→ 再計画（action）

といった不断のマネジメント・サイクルの一プロセスとして位置づけられている。ただし，一概にサービス計画といっても，図書館全体が関わる計画と各部門ごとの計画，あるいは長期的計画と短期的計画など，さまざまなレベルの計画を想定することができる。

たとえば，パーマー（Vernon E. Palmour）らは，公共図書館におけるプランニング・プロセス（計画立案過程）の手順を以下のように定式化している。[1]

① コミュニティの図書館ニーズの調査
② 現行の図書館サービス・資源の評価
③ コミュニティ内の公共図書館の役割の明確化
④ 目標，到達指標，優先順位の設定
⑤ 戦略の策定と評価
⑥ 戦略の適用
⑦ 目標と到達指標に対する進展状況の追跡と評価
⑧ 目標，到達指標，優先順位の再検討
⑨ 改善のための新たな戦略の策定と評価
⑩ 新しい戦略の適用

1） パーマー，V. E. ほか，田村俊作ほか訳『公共図書館のサービス計画：計画のたて方と調査の手引き』勁草書房　1985　308p.

必要な情報 （　）はその情報源	計画立案手順
環境および住民の特性の明確化 　　　　　　　　　　　　（各種調査）	コミュニティおよび図書館の環境の調査
・図書館の資源とパフォーマンスについての現状と動向の要約　　　　（図書館統計） ・現行の図書館サービスの一覧表の作成 ・明らかになったニーズに対する図書館の資源と活動の測定（図書館統計，住民調査） ・問題点および充実した面と手薄な面の明確化　　　　　　　　　　　（職員調査） ・利用者の満足度の明確化　（利用者調査） ・コミュニティの態度，期待度，認知度，優先順位，図書館利用，満足度の明確化 　　　　　　　　　（住民調査，生徒調査） ・重点的なサービス対象およびサービスの決定　　　　　　　　　　　（各種調査） ・現在の利用傾向と利用順位の検討 　　　　　　　　　　　　（利用者調査） ・到達目標の基準値の設定 　　　（図書館統計とパフォーマンス測定）	現行の図書館サービスおよび資源の評価 コミュニティにおける公共図書館の役割の明確化 目標，到達指標，優先順位の設定
・コミュニティの関心と理解力のレベルの明確化　　　　　（住民調査と生徒調査） ・それぞれの住民層にサービスを提供する方法の明確化　　　　　　（住民調査）	改善のための戦略の策定と評価 戦略の適用
進展状況の測定　　　　（パフォーマンス）	目標に対する進展状況の追跡と評価
コミュニティと住民の特性に関する新たなデータの入手	目標，到達指標，優先順位の再検討と改訂
・関心，優先順位，サービスの提供方法に関する新たなデータの入手　　（重点調査）	（必要に応じ）改善のための新たな戦略の策定と評価 新しい戦略の適用

7-1図　プランニング・プロセスで必要となる情報
（出典：パーマー，V.E.ほか著，田村俊作ほか訳『公共図書館のサービス計画：計画のたて方と調査の手引き』勁草書房　1985　p.12.）

7-1図に示されているように，以上の各段階では，必要とされる情報のタイプや分析のためのアプローチは大きく異なっている。

（2） 評価の視点とデータの収集

図書館サービスの評価を行おうとする場合，具体的に，どのような評価尺度や統計項目を採用するのかは大きな論点である。もちろん，その指標の重要性や適切性を考慮して選択することはいうまでもないが，データを収集するためのコストといった側面についても考慮しておく必要がある。

簡単な例を示せば，利用者が資料をどれだけ利用しているのかを把握したいならば，まず，「（館外）貸出冊数」を測定するであろう。現在では，多くの図書館で，図書館システムによって貸出冊数を自動的にカウントすることが可能であるし，電算化されていない小規模の図書館であっても，貸出手続きを伴うことから，業務統計の記録をつけておくことができる。

一方，図書館資料は館内において利用される場合もあり，大規模図書館ではその量も多くなっていることが予想される。ここで，データの精度を求めるならば，貸出しだけではなく「館内利用冊数」を測定することも考えられる。ただし，蔵書のほとんどが開架である図書館内において，資料がどれだけ利用されたのかを自動的に計測することは（現時点では）困難であるから，別途，調査を行う必要がある。[1]

調査に際しては，たとえば，無作為に抽出した資料に調査票を挟んでおき，利用者がその資料を利用した際に，カウンターに持ってきてもらうようにするとか，あるいは，観察者が，一定の時間，一定のスペース内で，資料を利用している人々の数を計測するといった方法が考えられる。

こうした標本調査を設計する際には，調査日時，調査回数，調査対象などについて十分に検討し，結果に偏りが出ないよう配慮しなければならないし，ど

---

1) この館外貸出と館内閲覧との関係については，次の文献を参照されたい。岸田和明ほか「大学図書館における館内利用と館外貸出との相関関係についての実証分析」『図書館学会年報』vol.41 No.2 1995 p.49-65.

のような方法を採用するかによって，得られるデータに誤差が生じる可能性があるので注意が必要である。何よりも，データを収集・分析したり，報告書をまとめるなど，図書館サービスの評価を行うためのコストや労力が，評価の成果に見合うだけの有意義なものとするためには，評価の結果を図書館経営における意思決定に反映させることが不可欠である。

（3） データの分析と価値判断

たとえば，利用者1人当たりの貸出冊数が5冊であるとか，レファレンスサービスに対する利用者の平均満足度が3.9ポイントであるといった数値が与えられたとき，それをどのように解釈するのかも重要な論点である。

収集されたデータは，通常，それが高ければよいのか，低ければよいのかについては自明である場合が多いが，あくまでもそれらは単なるデータに過ぎず，何らかの基準に照らして，その数値が何を意味しているのかについて，価値判断を行わなければならない。もちろん，図書館サービスの計画段階において，一定の目標値を設定する際にも同様の課題に直面することとなる。

　a．時系列比較

データの価値判断を行うための最も基本的な方法は，時系列比較であろう。たとえば，以前と比べて来館者数が5％増加したとか，利用者の満足度が1ポイント上昇したというように，継続的に，同じサービスについて同じ尺度を用いて，過去の状態を規準とした現在の状態を確認することによって，その優劣を判断することができる。

　b．他の図書館との比較

また，他の図書館（群）と比較して，自館の位置を確認したり，より優れた図書館の実態と自館とのギャップを把握するとともに，その要因を分析して，より良いパフォーマンスを達成できるような計画を立案するといったこともしばしば行われる（こうした行為を一般に「ベンチマーキング」と呼ぶ）。

ここで留意しなければならないのは，比較可能な図書館（群）をどのように識別するかという点である。公共図書館については，市・区・町村といった設

置母体である自治体の種別と，類似の人口規模を持つ自治体のグループを特定し，それらの統計データを収集して，比較・評価が行われることが一般的であり，そうした用途に適(かな)うように，わが国の代表的な図書館統計である『日本の図書館』（日本図書館協会）においても，設置母体と自治体の人口段階別に図書館のデータが配列されている。

一方，大学図書館については，国・公・私立といった設置母体別，及び，「四年制大学」「短期大学」「高等専門学校」といった学校の種別，さらに，学生数や教職員数の規模による分類が可能であるが，それだけでは十分であるとはいえない。人文科学を中心とした大学と自然科学を中心とした大学とでは，図書館において必要とされる資料の種類や量は大きく異なるから，学部や学科の構成とその特性を考慮した，きめ細かいグループ化がなされなければならないといえる。

c．数値基準との比較

わが国では，「図書館法」第18条の規定に基づいて策定された「公立図書館の設置及び運営上の望ましい基準」（以下，望ましい基準，p.168参照）のほか，公共図書館については，日本図書館協会（JLA）の各種委員会が策定したいくつかの基準が公表されている。一般に図書館の基準とは，記述的部分と数値基準とによって構成されており，その基準値との比較によって自治体単位の図書館評価を行うことが可能である。

かつては，国際図書館連盟（IFLA）やアメリカ図書館協会（ALA）なども公共図書館基準を作成していたが，全国一律の数値基準が必ずしも妥当しない場合があることから，個々の図書館の状況に応じたプランニング・プロセスやパフォーマンス指標を用いた評価にシフトしたという経緯がある。しかしながら，こうした数値基準（あるいは最低基準）には，図書館振興をはかる上で，一定の効果があり，現在でもいくつかの国々で策定・利用されている。

ここでの問題は，どのような項目を基準として採用するのか，あるいは，その基準値をどのように設定するのかという点であろう。かつては，基準値の算出経緯が必ずしも明らかではなく，その妥当性を検証することが困難であった。

これに対して，2001年にイギリスの文化・メディア・スポーツ省（DCMS）によって公表された全国基準（2004年に改訂）では，現状のトップ25％の実績値をその到達目標として設定している。同様に，わが国においても，現在の「望ましい基準」以降に公表された基準については，いずれも，人口一人当たりの貸出冊数（いわゆる貸出密度）の上位10％の自治体の平均値を基準値として設定するようになっている。

（4） 評価のためのツール

図書館評価に関する事例や研究には枚挙に暇(いとま)がないが，とくに欧米では，1970年代以降，多様化する図書館の個別の状況に対応した計画立案とパフォーマンス指標を用いた図書館評価が行われるようになり，そのためのマニュアル類が数多く刊行されてきた。そして1990年代以降，こうしたツールの標準化を志向するいくつかの国際的プロジェクトが立ち上げられ，その成果が公表されている。

a．ISOによるプロジェクト

国際標準化機構（ISO）において図書館統計や評価に関する規格を扱うのは第46専門委員会（TC46）「情報とドキュメンテーション」の第8分科会（SC8）である。

ISOによる図書館評価に関わる国際規格としては，第一に，「ISO11620 図書館パフォーマンス指標」が挙げられる。これは1991年のISO/TC46コペンハーゲン総会にて新規業務として承認され，1998年4月に国際規格として制定されたものであり，その後，2002(平成14)年10月には，日本工業規格「JIS X 0812」としてJIS化されている。

ここでは，パフォーマンス指標と図書館評価に関連する基本的な用語や方法についての解説とともに，「利用者満足度」をはじめとする，採択された約30のパフォーマンス指標について，それぞれ，① 目的，② 適用範囲，③ 定義，④ 方法，⑤ 指標の解釈と指標に影響を与える要因，⑥ 出典，⑦ 関連指標などの解説が加えられており，図書館評価のための標準的なマニュアルとして利

用価値が高い。

　一方，1990年代以降，情報の電子化とネットワーク環境の整備によって，さまざまな電子図書館サービスが行われるようになったが，ISO11620では，従来の一般的な図書館サービスを想定しており，こうした新しいサービスについて十分に言及がなされていなかった。そこで，ISO11620を補完するために，2003年に，「ISO TR20983　電子図書館サービスのためのパフォーマンス指標」が制定された（TRはテクニカル・レポートの略）。[1]

　ここでは，電子図書館サービスに特化した15のパフォーマンス指標が採択されているが，ISO11620の次回の改訂の際に，これらの指標も統合される予定となっている。

　このほか，重要なものとして「ISO2789　国際図書館統計」がある。[2] ISOにおいて，初めて図書館統計の国際標準化が行われたのは1974年であるが，1991年に第2版が制定され，最新のものは第3版である。これは，1997年のISO/TC46ロンドン総会にて，改訂が承認され，2003年2月に正式に制定された。

　ISO2789第3版の特徴としては，先に刊行されたISO11620のパフォーマンス指標を算出するために必要となるデータや，電子図書館サービスに関連する統計項目が，新たに追加された点が挙げられる。[3]

b．EUによるプロジェクト

　次に，欧州連合（EU）の第13総局（DG XIII）の支援を受けた，図書館パフォーマンス指標に関するプロジェクトとして，EQLIPSEとEQUINOXを紹介する。これらは，ISOによるパフォーマンス指標の標準化と，ほぼ時を同じくして進行している。

　まず，EQLIPSE（Evaluation and Quality in Library Performance : System for Europe）とは，あらゆるタイプの図書館における品質管理とパフォーマンス測定を支援する情報技術に基づいたオープン・システムを設計・開発・検証

---

1)　ISO/TR 20983 : 2003. Information and Documentation : Performance indicators for Electronic Library Services.
2)　ISO2789 : 2003. Information and Documentation : International Library Statistics.
3)　ISO 11620 : 1998. Information and Documentation : Library Performance indicators.

することを目的として，1995年2月から1997年3月にかけて，欧州の7カ国10の参加館（主に学術図書館）によって実施されたプロジェクトである。

　EQLIPSEプロジェクトのうち，パフォーマンス測定システムを開発する過程で，既存のパフォーマンス指標を参考にして，52の指標を選定するとともに，それらを測定するために必要な71のデータ集合のリストが作成されている。

同様に，EQUINOX(Library Performance Measurement and Quality Management System) とは，新しいネットワークを基盤とした電子的環境において図書館の品質管理やパフォーマンスの測定を行うためのシステムを開発することを目的として，1998年11月から2000年10月にかけて，欧州5カ国8館の参加によって実施された。

　ちょうど，ISO11620に対するISO TR20983のように，EQLIPSEにおける電子図書館サービスに関する部分の欠如を補完することを意図されて立ち上げられたプロジェクトである。ここでは最終的に，14の電子図書館サービスに関するパフォーマンス指標が選定されているが，これは後続のISO TR20983にも直接的な影響を与えているようである。[1]

1） EQUINOX公式サイト　http://equinox.dcu.ie/ （最終アクセス：2004年12月10日）

第8章　デジタル化技術の進展による
　　　　図書館サービスの再構築

1．図書館サービスの目的

　図書館サービスの目的を突きつめれば，すべての人に図書，雑誌，その他の各種の情報メディアにアクセスできる環境を整えることといえる。現代に生きる私たちにとって，欲しい情報は友人や知人から直接聞くこともできれば，書店やインターネットを通じても得られるし，個人の蔵書に頼ることもできる。これは一見すると，私たちの情報要求を満たすには，必ずしも図書館に頼らなくてもすむことを意味するとも思える。しかし，情報量が増大し，情報メディアが多様化し，情報の流通チャンネルが複雑化すればするほど，網羅的，合理的な情報へのアクセス拠点としての図書館の必要性が高まる。
　図書館サービスは，それ自体が利用者への情報提供となるという大きな目的をもっている。しかし，それは図書館利用者からみると，複雑・多様化する情報源へアクセスするゲートウェイとしての窓口機能ともなる。図書館は図書館サービスとして，その両者の機能を発揮しなければならない。
　技術的な要因による情報環境の変化は情報サービスの形式を変化・多様化させるが，関連情報が氾濫している中で要求に適合した情報に絞り込もうとすればするほど，図書館サービスが情報サービスの中心的な役割を果たし続けなければならない。また，そうであるからこそ環境の変化があっても，図書館サービスが情報を求める人にとって中心的なサービスを提供し，拠り所となるように，図書館は常に発展し，進化し続けなければならないのである。
　しかし，このように急速な技術的変化が図書館サービスの将来を予測しにくくしていることも事実である。そこで，図書館サービスの本質と図書館サービスを取り巻く環境の変化の動向を見きわめ，新たな時代に即した図書館サービ

スを考える必要がある。

2.「図書館サービス」の再検討

「図書館サービス」の基本は次の2点に集約される。[1]
① 図書館サービスの役割は知的情報資源である文献へのアクセスを容易にし，保証すること
② 図書館はその帰属する組織の使命や，奉仕対象者の活動を支援すること
まず，①の文献へのアクセスという図書館サービスとは，書誌的なツールやレファレンスサービスにより，また優れた蔵書を作り上げることにより，文献や資料に容易にアクセスできたり，可能になることはいうまでもない。

②の，使命や活動に役立つ「図書館サービス」とは，各々の図書館の置かれた状況によって異なることを意味している。

ここで考慮すべきは，図書館サービスの目的や理念と，図書館サービスの提供方法を峻別して考える必要があるということである。先に述べたように，図書館サービスの目的や理念は，情報技術や図書館環境に大きな変化が起こっても，変化することはない。しかし，その目的や理念を実現するための方法は社会の下部構造，中でも技術的・経済的な変化の影響を大きく受けるし，それへの対応に失敗すれば，図書館自体が存続することもできなくなる。

図書館サービスの提供方法は，近代的な図書館サービスが確立した19世紀後半から1970年代まではほぼ一定であり，特に図書館サービスの目的と方法の関係に注意を払う必要はなかったといえる。その影響もあって，1970年代以後の図書館・情報学では，この目的と方法が混同され，図書館の将来像の検討に際して，エレクトロニック・ライブラリー論やデジタル・ライブラリー論に代表されるように，技術的な変化だけが強調され，図書館の将来像を描くための戦略的な将来計画が等閑にされてきた。[2]

---

1)，2)とも　Buckland, M. K., 高山正也・桂啓壮訳『図書館サービスの再構築』勁草書房　1994　129p.

真に将来有効な「図書館サービス」を検討するために，以下では，目的と方法を個別に検討し，その後で，その双方の検討結果から，将来の図書館サービスやサービス提供の主体となる図書館そのもののあり方を検討したい。そこで，技術としては情報技術の図書館サービスに与える影響を，目的としては図書館の使命を実現するための図書館サービスの提供体制を中心に検討する。

（1） 情報技術革新による図書館サービスの変容

1970年代以降，図書館学，図書館・情報学の論考に情報技術関連のテーマが数多く扱われたことは衆知のことであるが，一方，それまでの主流であり，多くの関係者が馴染んでいた「紙」という媒体の特性については十分な検討がなされないままに放置された。しかし，このあまりに身近で，長年にわたり個人の生活や社会の隅々にまで浸透した「紙」という情報メディア（媒体）の特性は，新たに出現した「コンピュータ」というメディアと対比することで，際立つ。

紙を用い，印刷という技術で情報を記録し，冊子体という形式に製本した，今日の「本」という情報伝達メディアは大変に優れた特徴をもつ。また，それ故に今日においても図書館蔵書の主流をなし，予見できる将来においても図書館の蔵書からその姿を消すことはないと考えられる。すなわち，健全な視力と照度さえあれば，どこでも，いつでも，本以外の一切の装置や設備なしで情報を入手できるし，一般に1冊の本は小型で，携帯に便利であり，冊子体という形態は本の中の任意の場所に，容易にランダムアクセスすることを可能にしている。ただし，本の利用に際して，原則的には読者と本の位置関係は読者の目の先約30cmの場所にその本があり，一人が本を利用するとその利用が終了するまで，その本を他の読者は利用できないという限界ももっている。

また，本は印刷，製本，出版という過程を経て作成されるため，印刷内容の修正や更新，さらには複製や遠隔地への移動に時間と手間，すなわち大きなコストがかかる。

以上の結果をまとめると8-1表に示すとおりである。

8−1表　紙メディアと電子メディア比較表

	紙メディア	電子メディア
装置の必要性	不要	必要
遠隔利用	不可	可能
同時複数利用	不可	可能
速報性	不可	可能
複製の容易さ	不可	可能
編集・改訂の容易さ	不可	可能

　現在の図書館サービスは，この8−1表に示す紙メディアでの蔵書を前提にしているため，利用者は図書館に来館して利用し，図書館側は来館者からのいかなる要求にも自館の蔵書で応えるために図書館蔵書の規模を大きくし，なお利用頻度の高い図書の複本を用意して，利用者へのアベイラビリティ・レート[1]を高く維持しようとしている。しかし，情報源としての蔵書が電子メディアに移行すると，来館利用の必然性は無くなり，自館の蔵書規模の拡大よりも，いかに多くの自館にないコレクション保有館とネットワーク化するかの方が重要で，複本を揃える必要もなくなる。

　図書館の使命である情報資源へのアクセスの保証を，現在のパソコン操作に慣れた利用者に限定して考えるなら，この状態はきわめて効率的であり，ただちに紙メディアの蔵書を電子メディアに媒体変換することが望ましい。だが，利用者が全員情報リテラシーを有しているとも限らないし，図書館の利用者とは現在の利用者だけではない。数十年先，数百年先，さらには遠い将来の利用者も想定しなければならない。情報源である資料の保存は図書館の使命であるだけでなく，人類文化の継承のために不可欠の業務である。このことを考慮すると，紙メディアに比して，耐久性に著しく劣っている電子メディアへの全面

1）　アベイラビリティ・レート（Availability Rate）とは次の式で算出される。
　　$R = A/D \times 100$
　　　R：Availability Rate
　　　A：Dの中で利用者がその図書館で入手・利用できた冊数
　　　D：利用者がその図書館の蔵書目録などで検索し，利用しようとした冊数
　　通常は60〜70%程度を実現できればよいとされる。

的移行には図書館は当分踏み切れない。一方で，電子出版などの電子メディアの普及の趨勢は止められないので，当面，図書館はその蔵書構成面で，紙メディアと電子メディアの混在（ハイブリッド化）が続くことになる。

（2） 図書館サービス提供体制の変化

現在の「図書館法」の制定時点では，公立の公共図書館は，自治体の建設した施設で，地方公務員としての図書館職員（司書）が，自治体予算によって購入された資料や設備・備品を用いて図書館活動を展開することが想定されていた。しかし，それから半世紀以上経過した現在，図書館運営を取り巻く環境は大きく変化しており，この図書館の運営のあり方の変化も図書館サービスのあり方に影響する。

1970年代前後から，徐々に高まってきた図書館業務の外部委託などの図書館運営方式の多様化が，自治体の財政事情の逼迫と1990年代から顕著になった「新公共経営（new public management）政策」の影響を受け，民間の活力や資本の支援の下で公的なサービスの充実を図るという政策に結びついた。具体的には地方分権を推進する政策の下で，平成11(1999)年の「民間資金等の活用による公共施設等の整備等の促進に関する法律（一般に「PFI法」という）」[1]の施行以来，一気に加速した。さらに平成15(2003)年の「地方自治法」の一部改正による「指定管理者制度」[2]の導入は図書館サービスの実施を民間の力抜きでは考えられない状況を作り出しつつある。

民間の資本と技術だけでなく，サービス提供に必要な民間の経営ノウハウを図書館サービスにも適用することにより，図書館サービスの向上が目論まれる。本章第2節（p.151）図書館サービスの基本②に挙げられた「図書館サービスがその所属組織の使命や奉仕対象者（利用者）活動支援」のためには，図書館サービスは各々の図書館の置かれた状況によってその活動やサービスが異なっ

1） 内閣府民間資金等活用事業推進室（PFI推進室）http://www8.cao.go.jp/pfi/（最終アクセス：2004年12月10日）

2） 「地方自治法」第244条（公の施設の管理に関する制度の改正）

ており，環境に柔軟に対応しなければならないことはいうまでもない。このような臨機の柔軟な対応には，自治体の直営によるよりも民間の経営ノウハウを生かした，きめ細かな要求に合致した図書館サービスの提供が求められている。新公共経営政策が採用される中での図書館サービスは，単に技術環境の変化に対応するだけでなく，社会的・政策的な環境変化にも，臨機にかつ柔軟に対応しなければならない。

3．技術革新による図書館サービスの変化

1970年代以降，図書館は情報技術の革新の影響を強く受けるようになり，特にコンピュータシステムが図書館業務のさまざまな分野に導入された。さらに最近では，出版界のコンピュータ化も進展し，いわゆる電子出版（CD‒ROMなどパッケージ型電子出版に加え，オンライン出版も含む）も盛んになってきた。この結果，図書館も，従来型の紙メディア図書館に加え，機械化図書館，電子図書館の三つに類型化できるとの説が提唱されている。[1] これら三類型の図書館は漸次進化して，紙媒体図書館から機械化図書館を経て電子図書館に至るのではなく，予見できる将来にわたって，これら三類型の図書館は重層的に共存し，相互にその機能を果たすものと考えられる。

（1） 紙媒体図書館の図書館サービス

紙媒体図書館（the paper library）とは，純粋に紙による蔵書だけでなく，ベラム（vellum，子牛や子羊などをなめした皮紙）やマイクロフィルムなど，実質的に紙と同じ性質をもつ伝統的な媒体による蔵書と，それに基づくサービスを提供する図書館をいう。この図書館は次のような特徴をもつ。[2]
① 利用者（読者）が求める文献と利用者は同一の場所になければならない。これは閲覧・貸出サービスの主な理由になる。開館日数や開館時間は多いほ

1） Buckland, M. K., 高山正也・桂啓壯訳　前掲書　p. 7‒8.（p.151参照）
2） Buckland, M. K., 高山正也・桂啓壯訳　前掲書　p.13‒26.（p.151参照）

どよいということになる。しかし，図書館経営上は1日24時間開館，1年365日の開館は無理であり，閉館になるとアクセスもサービスも休止することになる。そこで貸出しによって，この問題の解決を図っている。

② 紙の文献は通常，一人が一度に使えるのは一冊だけである。

日本の図書館における貸出しは，通常複数週（2週間が多い）の間，複数冊の図書が借りられる。しかし，来館者は他者によって借りられている本が返却されるまで利用できない。そこで，複本の準備をしないなら，オーバーナイト（一夜）貸出しや，貸出期限を短縮したり，かつ一度の貸出し冊数を限定することで，来館者のアベイラビリティを維持することができる。このことは，日本の公共図書館における「貸出至上主義」ともいえる図書館サービスのあり方に再検討を促すことにもなる。

③ 紙文献の複製は写真や複写機などで技術的に可能であるが，時間とコストがかかり，法的に認められた複製であっても複製された資料の利用には紙と同じ制約が伴う。

紙がもつ制約を克服するために，デジタル技術が普及する以前にはコンパクトな記憶装置，簡便な複製法，複雑な索引を用いる探索技法などさまざまな試みがなされた。しかし，どれも成功はしていない。

④ 紙は情報伝達メディアとして柔軟性に欠け，他の版による文献と併合，分割，再編などの編集が容易ではない。その結果，分類などの標準化された方法で整理される。

20世紀初頭以来，ドキュメンテーション（documentation）という分野が開拓され，この問題解決のため，多くのドキュメンタリストが取り組んだ。その成果の一つに，電子図書館のある種のモデルとなった，ブッシュによる「メメックス（Memex）」という情報処理システムの提唱がある。本格的な対応はコンピュータの普及まで待たなければならなかったが，今日の情報処理の基本的な理論の多くはこのドキュメンタリストたちによって開拓されたともいえる。[1)]

⑤ 集積するには，大きなスペース確保と保存・修復という問題が生じる。

図書館の蔵書は適正な除籍を行っても，常に増え続ける。そこで，図書館は

常に書庫の狭隘化に悩まされる。マイクロ化や，集密書架の導入による対応も図られているが，本質的な対応ではない。酸性紙の劣化への対応も迫られている。

これらの対策を怠ると，現代の図書館は，知的情報資源の将来への伝承という図書館としての「使命」を果たさず，将来の世代への責任も果たしていないことになる。

(2) **機械化図書館での図書館サービス**

機械化図書館（the automated library）とは蔵書の大半は紙媒体であるが，図書館の業務そのものはコンピュータシステムが導入され，効率化されている図書館をいう。現時点で，コンピュータ化されているといわれる日本の図書館のほとんどは，この機械化図書館である。すなわち，目録はカード目録からコンピュータ目録になり，貸出管理は機械化され，レファレンスサービスではオンライン検索が一般化する。利用者は来館せずに蔵書目録をチェックし，貸出中の図書の予約を行い，他館が所蔵している文献の複写依頼が出せるようになった。

これを可能にしたのは「規格・標準」の確立であった。具体的には，MARC (Machine Readable Cataloging) formatとしての書誌レコードの標準化（NISO Z39：2　ISO2709）と，「システム間相互接続プロトコル（規約）(Linked Systems Protocol)」（ISO10162/10163　NISO Z39：50）とよばれる探索，および検索方式の標準の確立がきっかけとなったのである。前者により，書誌データの共有が可能になり，後者により検索システムの共有化が可能になった。この結果，図書館のネットワーク化が大きく推進された。この段階で，図書館サービスにかかわる労働コストと機械コストの関係を見ると，労働コストは漸増傾向にあるが，機械コストは漸減傾向にある（8-1図）。すなわち，図書館業務

前頁1) Buckland, M. K. Emanuel Goldberg, Electronic Document Retrieval, and Vannevar Bush's Memex. *Journal of the American Society for Information Science.* Vol.43 (1992 May), p.284-94.　なお，Memexについては，ヴァンネヴァー・ブッシュ，武者小路澄子訳『人の思考のように：Memex』（情報学基礎論文集Ⅰ）勁草書房　1989　p.3-24.

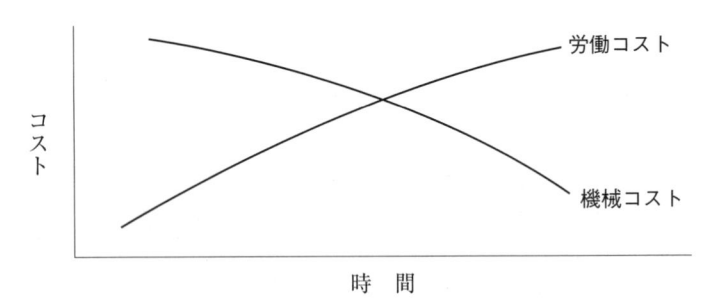

158　第8章　デジタル化技術の進展による図書館サービスの再構築

```
コ
ス              ／￣￣￣￣￣労働コスト
ト    ＼＿／
     ／￣＼
            ＼＿＿＿＿＿機械コスト

          時　間
```

8-1図　労働コストと機械コストの変化
(出典：Buckland, M. K., 高山正也・桂啓荘訳『図書館サービスの再構築』勁草書房　1994)

では機械が人間にとって代わる関係にあることが明示されている。この結果，人間の行ってきた仕事がますます機械に委ねられる。専門職の担当してきた仕事が補助職に委ねられる。したがって，図書館の専門職はより高度な内容の仕事を常に開発し続けなければならない。その高度な内容の仕事とは，図書館のパブリックサービスと管理・運営業務である。それによってのみ，図書館サービスの進歩が保証される。

(3)　電子図書館での図書館サービス

　紙媒体図書館から機械化図書館への変化は，図書館員にとっても利用者にとっても，従来からの図書館やその蔵書の利用の仕方に変化はなく，比較的スムーズであったといえる。単に業務処理や資料や文献の利用が効率的になっただけで，そこに革命的な変化，すなわち技術革新（innovation）は生じていない。電子図書館（the electronic library）は図書館を含む関連の諸分野，すなわち，出版界，著者と利用者，図書館類縁の諸機関などを巻き込んだ大きな変化が予測されており，そこには図書館界を含む情報サービス全体を変化させる技術革新が生じていることが前提なのである。

　まず，出版において電子出版が常態化し，蔵書の主体が電子化・デジタル化されていることが電子図書館の前提とある。この段階で蔵書概念は変化しており，個別の図書館ごとの蔵書からバーチャルな蔵書になっていると思われる。

そこでは，著者という情報発信者と利用者（読者）という情報受容者の区分は不明確になり，情報の発信者は受容者になり，受容者は発信者になるという著者と読者の一体化が進むであろう。デジタル化された情報の表現形式は単に文章という言葉での表現のみならず，音声や映像（静止画・動画）といったさまざまな表現形式をハイパーメディアとして多重化させることも可能になり，図書館と，博物館や文書館などとの融合も進むと思われる。

　このような電子図書館を構築し，電子図書館サービスを実践するために必要とされるのは次のものである。まず，テキスト，書誌，所在情報の各レコードは電子図書館になっても必要とされ，また更なる標準化が求められる。

　電子メディアのテキストはそれ自体が標準フォーマットであることが求められるほか，そのような電子文献を対象にする標準化された目録規則が必要となる。電子文献の転送には通信の標準規格が必要になる。そこでは国際的に互換性のある文字，イメージ，文書，テレコミュニケーションなどの標準規格が求められる。

　さらに，電子図書館成立の前提としては，高度な能力のコンピュータ，データ管理，テレコミュニケーションなどによるインフラストラクチャー（社会的基盤）の存在がある。このような基盤の整備や利用技術と知識の獲得のためには相応の社会的投資が必要であり，それがあってはじめて電子図書館が実現できる。

4．図書館サービスの再検討と進化

　図書館サービスの将来を考えるには，図書館サービスの目的と方法の区分が大事である。前節で見たように，技術の発展の中でサービス方法は変化させられる。一方，目的に即して，サービスの変化，多様化も求められる。なぜなら，それがなければサービスの基盤となる図書館の存続が危うくなるからである。

（1） アクセス概念の再検討

　図書館サービスの目的は情報資源へのアクセスを保証することで，図書館の利用者の知識獲得を助けることにある。そのためには次の4種のアクセスの実現が必要であるという。[1]

a．指示的（書誌的）アクセス

　要求に適合する情報となる記述を含む文献がどれか，どの文献が検索するに値するかを指し示すことを指示的アクセスという。この指示的アクセスの実現は図書館の世界では書誌コントロールという考えの下で実現されている。資料の組織化を図る図書館にとって，指示的アクセスの実現は図書館活動の主要な業務として注力され，目録や索引という形で図書館サービスの基礎をなしている。蔵書へのアクセシビリティーという概念でも説明されている。

b．物的アクセス

　指示的アクセスで書誌データを示されても，それだけでは情報を求める利用者にとっては意味をなさない。情報の要求者にとって求めているのは書誌データではなく，情報を記述している文献そのものである。要求者は文献を入手することで求めている情報を得られる。それゆえ，まず，アクセシビリティの段階で指示的アクセスの実現が必要となる。そこで求める文献を特定した上で，次の文献入手というアベイラビリティの段階に到達できる。通常はアベイラビリティの実現によって情報が入手できるので，一般的図書館サービスはこの指示的アクセスに加え，物的アクセスの実現が図書館サービスとしての最低限の条件になる。

c．言語的アクセス

　図書館サービスが発展すると，より広い知的情報の世界をカバーするために，多様な言語で記述された蔵書を用意することになる。こうなると適合文献として検索され・提供される文献が，利用者・要求者の理解可能な言語で記述され

1）　Buckland, M. K., 高山正也訳『図書館・情報サービスの理論』勁草書房　1990　324p.

ているとは限らなくなる。仮に，要求者の理解不能な言語で記述されている文献が提供された場合には，その利用者にとっては情報提供が無かったに等しい。このような事態に備えて，図書館が翻訳サービスを用意しておくことが必要となる。今日，すでに一部の学術・研究図書館などでは翻訳サービスを用意しているが，専門的な情報提供に関しては，今後さらなる言語的アクセスを実現するための翻訳サービスなどの充実が求められる。

d．概念的アクセス

言語的なアクセスをクリアーしても，情報要求者の求める情報提供が実現できない場合がまだ存在する。提供された情報が要求者の期待するレベルの情報ではない場合である。すなわち，あまりに初歩的に過ぎる情報や，高度で専門的に過ぎる情報では要求者の求めに応えていることにはならない。この事態を避けるために要求されているレベルに合った情報提供のためのツールの用意が必要とされる。すでに開発されているそのための書誌的ツール（二次資料）としては，抄録の作成や文献レビューの作成がある。抄録や文献レビューがあれば，提供候補となった文献が利用者の要求に適うものであるかどうかを図書館の職員は事前にチェックできる。しかし，わが国ではすべての主題領域において，また多様な情報のレベルに対応して，概念的アクセスの実現に有効な抄録や文献レビューの用意は未だ不十分といわざるを得ない。わが国の実状に対比し英語圏の図書館では，書評なども含めて，かなり充実した体制になっている。この種のツールの充実には高度な専門性を有する相当数の図書館職員が，組織的に対応する必要がある。

（2） 蔵書（コレクション）の再検討

図書館サービスは図書館利用者からの情報要求に応じて，情報記録物としての文献や資料の提供の形をとることが基本である。その文献や資料は，自館や協力関係にある図書館の蔵書に含まれていることが想定されている。そして，提供された文献は情報要求に対する適合情報であることの「証拠」ともなる。適合しているとは，単に主題内容が適合であるというだけではなく，情報要求

の複雑性，資料の明瞭性，利用者の熟練性などの観点から評価され，そしてその要求を受け，情報提供する図書館の社会的な価値やステータスとも関連する。

　たとえば，「8月の東京の天気」についての情報要求が小学生と気象学者から出された場合の対応は，おのずから異なるということである。利用者の情報要求に応えて提供される文献が自館の蔵書に含まれていないことはありうることで，上記の例の場合に，気象専門図書館では小学生の要求に応えられなくともその蔵書構成は間違っていないのであって，小学生の要求に応えられるように蔵書の構成を修正したなら，その図書館は気象の専門図書館の使命を果たしていないことになる。

　この蔵書の構成が，出版の電子化・デジタル化とともに変わりつつある。

　その一つは図書館利用，すなわち図書館蔵書へのアクセスの減少である。インターネットによるWeb上の情報資源への依存が増大し，図書館蔵書へのアクセスが減少しているという事実である。この現象は先進各国で共通化しており，特に若年層ほど顕著に見られる。これに対応して，図書館のとるべき道はインターネットに対抗するのではなく，インターネットでは得られない質の情報提供である。図書館は蔵書の質を向上させることで，Web上流通する情報の質との差別化を図る必要がある。

　もう一つは，デジタル化による分館や，類縁機関のコレクションとの境界の消滅である。図書館と文書館は活版印刷術の実用化による複製としての出版物の普及によってその差異が明確化した。博物館と図書館は出版物が大量生産され，貴重品ではなくなり，安価に普及し，一般市民の生涯学習要求に応ずるようになり，相互に分離した。この流れがデジタル化により逆行する可能性が生じてきていることである。デジタル化され，テレコミュニケーション・ネットワークの高精細画像で，遠隔地からでも，中央の図書館，博物館，文書館に容易にアクセスできれば，必要な情報の入手が高度に専門的な研究を除いては可能になる。身近な生涯学習施設の貧しいコレクションに依存する必要性は薄れるし，本館と分館に分けて設置したり，図書館，博物館，文書館と分ける必然性もなくなる。事実，2003年からカナダでは，国立図書館と国立公文書館と

が合体・融合して，世界の注目を浴びている。
　このような変化は図書館サービスにも必然的に変化をもたらす。図書館サービスは知的情報資源へのアクセスを保証し，それらを将来の世代に伝承するという図書館の使命を実現するために提供されているのであって，その具体的な図書館サービス形態や方法は，図書館を取り巻く技術的，経済的，社会的な環境変化とともに変化してゆく。

参考文献

アリステア・ブラック,デーブ・マディマン著,根本彰・三浦太郎訳『コミュニティのための図書館』東京大学出版会　2004.
国際図書館連盟公共図書館ワーキンググループ編,山本順一訳『理想の公共図書館のために　IFLA/UNESCOガイドライン』日本図書館協会　2003.
塩見昇・山口源次郎編著『図書館法と現代の図書館』日本図書館協会　2001.
ジョン・フェザー著,高山正也・古賀節子訳『情報社会をひらく—歴史・経済・政治』勁草書房　1997.
菅谷明子『未来をつくる図書館』岩波書店　2003.
常世田良『浦安図書館にできること—図書館アイデンティティ』勁草書房　2003.
日本図書館協会編『ディスカバー図書館2004—図書館をもっと身近に暮らしの中に』日本図書館協会　2004.
日本図書館協会著作権委員会編『図書館サービスと著作権』改訂第2版（図書館員選書10）　日本図書館協会　2005.
日本図書館協会図書館政策特別委員会編『公立図書館の任務と目標：解説』改訂版　日本図書館協会　2004.
日本図書館協会図書館調査事業委員会編『日本の図書館』日本図書館協会（年刊）．
日本図書館協会図書館年鑑編集委員会編『図書館年鑑』日本図書館協会（年刊）．
日本図書館協会図書館白書編集委員会編『図書館はいま—白書・日本の図書館1997』日本図書館協会　1997.
日本図書館情報学会編『図書館の経営評価：パフォーマンス指標による新たな図書館評価の可能性』勉誠出版　2003.
根本彰『情報基盤としての図書館』勁草書房　2002.
根本彰『続・情報基盤としての図書館』勁草書房　2004.
パーマー，V. E. ほか著,田村俊作ほか訳『公共図書館サービス計画—計画の

たて方と調査の手引き』勁草書房　1985.

バックランド，M.K. 著，高山正也訳『図書館・情報サービスの理論』勁草書房　1990.

バックランド，M.K. 著，高山正也・桂啓壯訳『図書館サービスの再構築——電子メディア時代へ向けての提言』勁草書房　1994.

森耕一『図書館サービスの測定と評価』日本図書館協会　1985.

ランカスター，F.W. 著，中村倫子ほか訳『図書館サービスの評価』丸善　1991.

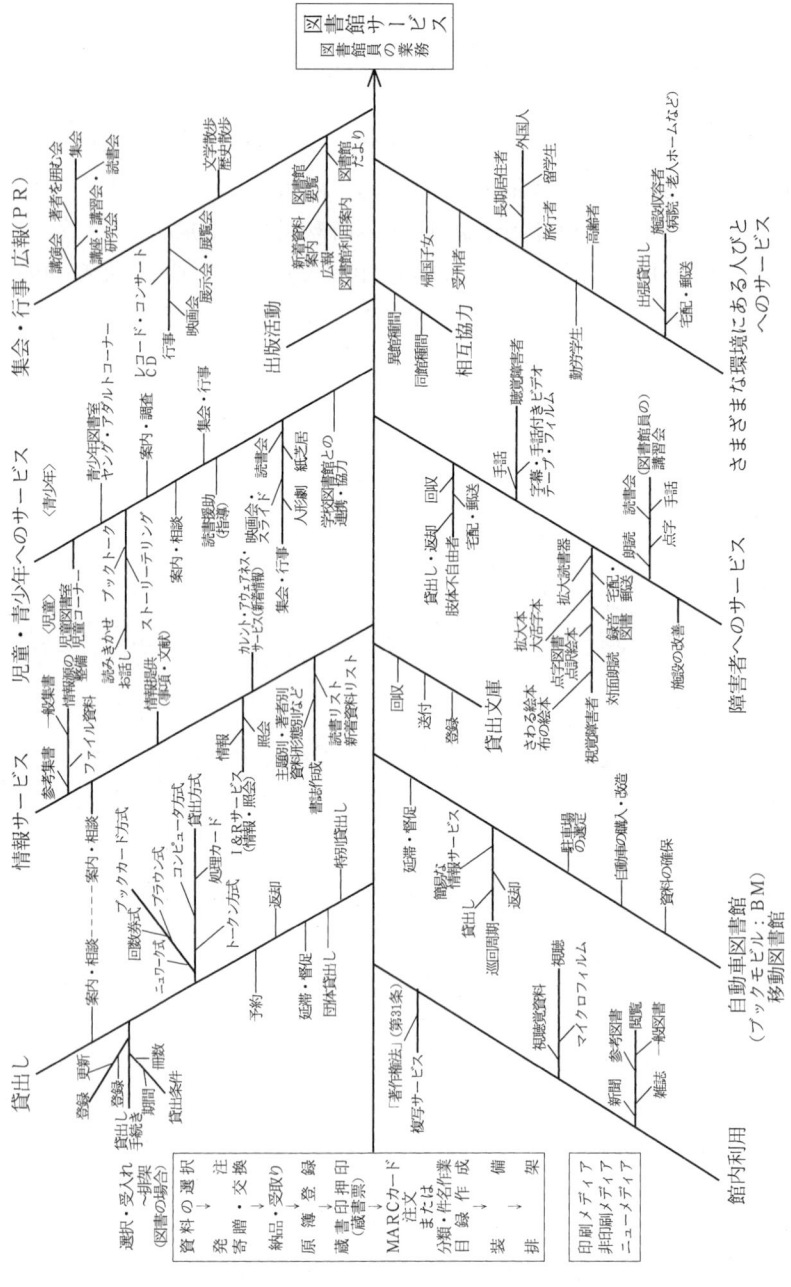

〈資料1〉 図書館サービスのフィッシュボーン

資料　167

〈**資料2**〉　図書館サービス概念図

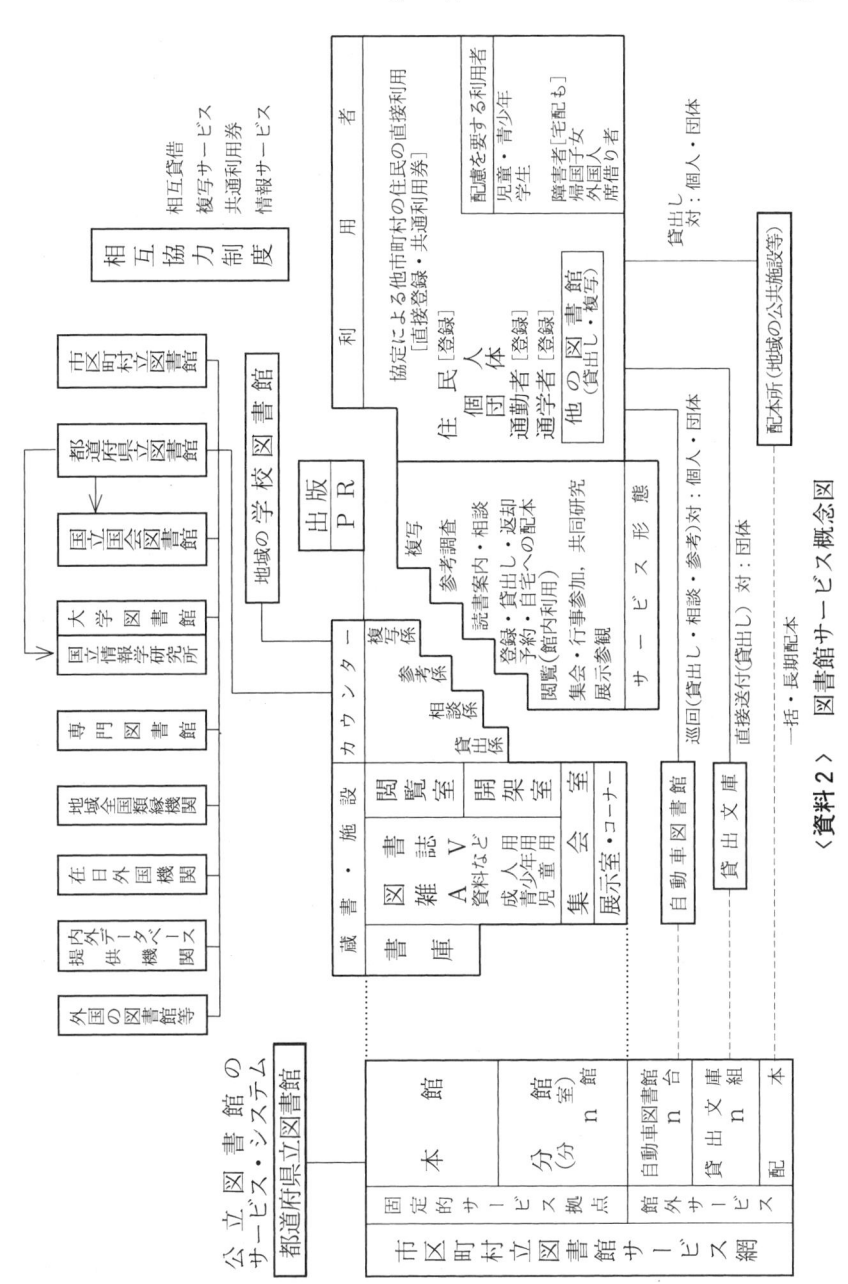

〈資料3〉 公立図書館の設置及び運営上の望ましい基準
(平成13年7月18日 文部科学省告示第132号)

目 次
1 総 則
 (1) 趣旨
 (2) 設置
 (3) 図書館サービスの計画的実施及び自己評価等
 (4) 資料及び情報の収集、提供等
 (5) 他の図書館及びその他関係機関との連携・協力
 (6) 職員の資質・能力の向上等
2 市町村立図書館
 (1) 運営の基本
 (2) 資料の収集、提供等
 (3) レファレンス・サービス等
 (4) 利用者に応じた図書館サービス
 (5) 多様な学習機会の提供
 (6) ボランティアの参加の促進
 (7) 広報及び情報公開
 (8) 職員
 (9) 開館日時等
 (10) 図書館協議会
 (11) 施設・設備
3 都道府県立図書館
 (1) 運営の基本
 (2) 市町村立図書館への援助
 (3) 都道府県立図書館と市町村立図書館とのネットワーク
 (4) 図書館間の連絡調整等
 (5) 調査・研究開発
 (6) 資料の収集、提供等
 (7) 職員
 (8) 施設・設備
 (9) 準用

----

1 総 則
(1) 趣 旨
① この基準は、図書館法(昭和25年法律第118号)第18条に基づく公立図書館の設置及び運営上の望ましい基準であり、公立図書館の健全な発展に資することを目的とする。

② 公立図書館の設置者は、この基準に基づき、同法第3条に掲げる事項などの図書館サービスの実施に努めなければならない。

(2) 設 置
① 都道府県は、都道府県立図書館の拡充に努め、住民に対し適切な図書館サービスを行うとともに、図書館未設置の町村が多く存在することも踏まえ、当該都道府県内の図書館サービスの全体的な進展を図る観点に立って、市(特別区を含む。以下同じ。)町村立図書館の設置及び運営に対する指導・助言等を計画的に行うものとする。

② 市町村は、住民に対して適切な図書館サービスを行うことができるよう、公立図書館の設置(適切な図書館サービスを確保できる場合には、地域の実情により、複数の市町村により共同で設置することを含む。)に努めるとともに、住民の生活圏、図書館の利用圏等を十分に考慮し、必要に応じ分館等の設置や移動図書館の活用により、当該市町村の全域サービス網の整備に努めるものとする。

③ 公立図書館の設置に当たっては、サービス対象地域の人口分布と人口構成、面積、地形、交通網等を勘案して、適切な位置及び必要な図書館施設の床面積、蔵書収蔵能力、職員数等を確保するよう努めるものとする。

(3) 図書館サービスの計画的実施及び自己評価等
① 公立図書館は、そのサービスの水準の向上を図り、当該図書館の目的及び社会的使命を達成するため、その図書館サービスについて、各々適切な「指標」を選定するとともに、これらに係る「数値目標」を設定し、その達成に向けて計画的にこれを行うよう努めなければならない。

② 公立図書館は、各年度の図書館サービスの状況について、図書館協議会の協力を得つつ、前項の「数値目標」の達成状況等に関し自ら点検及び評価を行うとともに、その結果を住民に公表するよう努めなければならない。

(4) 資料及び情報の収集、提供等
① 資料及び情報の収集に当たっては、住民の学

資　　料

習活動等を適切に援助するため，住民の高度化・多様化する要求に十分配慮するものとする。
② 資料及び情報の整理，保存及び提供に当たっては，広く住民の利用に供するため，情報処理機能の向上を図り，有効かつ迅速なサービスを行うことができる体制を整えるよう努めるものとする。
③ 地方公共団体の政策決定や行政事務に必要な資料及び情報を積極的に収集し，的確に提供するよう努めるものとする。
④ 都道府県立図書館と市町村立図書館は，それぞれの図書館の役割や地域の特色を踏まえつつ，資料及び情報の収集，整理，保存及び提供について計画的に連携・協力を図るものとする。
(5) **他の図書館及びその他関係機関との連携・協力**
　公立図書館は，資料及び情報の充実に努めるとともに，それぞれの状況に応じ，高度化・多様化する住民の要求に対応するため，資料や情報の相互利用等の協力活動の積極的な実施に努めるものとする。その際，公立図書館相互の連携（複数の市町村による共同事業を含む。）のみならず，学校図書館，大学図書館等の館種の異なる図書館や公民館，博物館等の社会教育施設，官公署，民間の調査研究施設等との連携にも努めるものとする。
(6) **職員の資質・能力の向上等**
① 教育委員会及び公立図書館は，館長，専門的職員，事務職員及び技術職員の資質・能力の向上を図るため，情報化・国際化の進展等に配慮しつつ，継続的・計画的な研修事業の実施，内容の充実など職員の各種研修機会の拡充に努めるものとする。
② 都道府県教育委員会は，当該都道府県内の公立図書館の職員の資質・能力の向上を図るために，必要な研修の機会を用意するものとし，市町村教育委員会は，当該市町村の所管に属する公立図書館の職員をその研修に参加させるよう努めるものとする。
③ 教育委員会は，公立図書館における専門的職員の配置の重要性に鑑み，その積極的な採用及び処遇改善に努めるとともに，その資質・能力の向上を図る観点から，計画的に他の公立図書館及び学校，社会教育施設，教育委員会事務局等との人事交流（複数の市町村及び都道府県の

機関等との人事交流を含む。）に努めるものとする。
2　市町村立図書館
(1) **運営の基本**
　市町村立図書館は，住民のために資料や情報の提供等直接的な援助を行う機関として，住民の需要を把握するよう努めるとともに，それに応じ地域の実情に即した運営に努めるものとする。
(2) **資料の収集，提供等**
① 住民の要求に応えるため，新刊図書及び雑誌の迅速な確保並びに他の図書館との連携・協力により図書館の機能を十分発揮できる種類及び量の資料の整備に努めるものとする。また，地域内の郷土資料及び行政資料，新聞の全国紙及び主要な地方紙等多様な資料の整備に努めるものとする。
② 多様な種類・内容の視聴覚資料の収集に努めるものとする。
③ 電子資料の作成，収集及び提供並びに外部情報の入手に関するサービス等に努めるものとする。
④ 本館，分館，移動図書館等の資料の書誌データの統一的な整備や，インターネット等を活用した正確かつ迅速な検索システムの整備に努めるものとする。また，貸出の充実を図り，予約制度などにより住民の多様な資料要求に的確に応じるよう努めるものとする。
⑤ 資料の提供等に当たっては，複写機やコンピュータ等の情報・通信機器等の利用の拡大に伴い，職員や利用者による著作権等の侵害が発生しないよう，十分な注意を払うものとする。
(3) **レファレンス・サービス等**
　他の図書館等と連携しつつ，電子メール等の通信手段の活用や外部情報の活用にも配慮しながら，住民の求める事項について，資料及び情報の提供又は紹介などを行うレファレンス・サービスの充実・高度化に努めるとともに，地域の状況に応じ，学習機会に関する情報その他の情報の提供を行うレフェラル・サービスの充実にも努めるものとする。
(4) **利用者に応じた図書館サービス**
① 成人に対するサービスの充実に資するため，科学技術の進展や産業構造・労働市場の変化等

に的確に対応し，就職・転職，職業能力開発，日常の仕事等のための資料及び情報の収集・提供に努めるものとする。
② 児童・青少年に対するサービスの充実に資するため，必要なスペースを確保するとともに，児童・青少年用図書の収集・提供，児童・青少年の読書活動を推進するための読み聞かせ等の実施，情報通信機器の整備等による新たな図書館サービスの提供，学校等の教育施設との連携の強化等に努めるものとする。
③ 高齢者に対するサービスの充実に資するため，高齢者に配慮した構造の施設の整備とともに，大活字本，拡大読書器などの資料や機器・機材の整備・充実に努めるものとする。また，関係機関・団体と連携を図りながら，図書館利用の際の介助，対面朗読，宅配サービス等きめ細かな図書館サービスの提供に努めるものとする。
④ 障害者に対するサービスの充実に資するため，障害のある利用者に配慮した構造の施設の整備とともに，点字資料，録音資料，手話や字幕入りの映像資料の整備・充実，資料利用を可能にする機器・機材の整備・充実に努めるものとする。また，関係機関・団体と連携を図りながら手話等による良好なコミュニケーションの確保に努めたり，図書館利用の際の介助，対面朗読，宅配サービス等きめ細かな図書館サービスの提供に努めるものとする。
⑤ 地域に在留する外国人等に対するサービスの充実に資するため，外国語資料の収集・提供，利用案内やレファレンス・サービス等に努めるものとする。

(5) 多様な学習機会の提供
① 住民の自主的・自発的な学習活動を援助するため，読書会，研究会，鑑賞会，映写会，資料展示会等を主催し，又は他の社会教育施設，学校，民間の関係団体等と共催するなど，多様な学習機会の提供に努めるとともに，学習活動の場の提供，設備や資料の提供などによりその奨励に努めるものとする。
② 住民の情報活用能力の向上を支援するため，講座等学習機会の提供に努めるものとする。

(6) ボランティアの参加の促進
国際化，情報化等社会の変化へ対応し，児童・青少年，高齢者，障害者等多様な利用者に対する新たな図書館サービスを展開していくため，必要な知識・技能等を有する者のボランティアとしての参加を一層促進するよう努めるものとする。そのため，希望者に活動の場等に関する情報の提供やボランティアの養成のための研修の実施など諸条件の整備に努めるものとする。なお，その活動の内容については，ボランティアの自発性を尊重しつつ，あらかじめ明確に定めておくことが望ましい。

(7) 広報及び情報公開
住民の図書館に対する理解と関心を高め新たな利用者の拡大を図るため，広報紙等の定期的な刊行やインターネット等を活用した情報発信など，積極的かつ計画的な広報活動及び情報公開に努めるものとする。

(8) 職　員
① 館長は，図書館の管理運営に必要な知識・経験を有し，図書館の役割及び任務を自覚して，図書館機能を十分発揮させられるよう不断に努めるものとする。
② 館長となる者は，司書となる資格を有する者が望ましい。
③ 専門的職員は，資料の収集，整理，保存，提供及び情報サービスその他の専門的業務に従事し，図書館サービスの充実・向上を図るとともに，資料等の提供及び紹介等の住民の高度で多様な要求に適切に応えるよう努めるものとする。
④ 図書館には，専門的なサービスを実施するに足る必要な数の専門的職員を確保するものとする。
⑤ 専門的職員のほか，必要な数の事務職員又は技術職員を置くものとする。
⑥ 専門的分野に係る図書館サービスの向上を図るため，適宜，外部の専門的知識・技術を有する者の協力を得るよう努めるものとする。

(9) 開館日時等
住民の利用を促進するため，開館日・開館時間の設定にあたっては，地域の状況や住民の多様な生活時間等に配慮するものとする。また，移動図書館については，適切な周期による運行などに努めるものとする。

(10) 図書館協議会
① 図書館協議会を設置し，地域の状況を踏まえ，利用者の声を十分に反映した図書館の運営がな

されるよう努めるものとする。
② 図書館協議会の委員には，地域の実情に応じ，多様な人材の参画を得るよう努めるものとする。
(11) 施設・設備
　本基準に示す図書館サービスの水準を達成するため，開架・閲覧，収蔵，レファレンス・サービス，集会・展示，情報機器，視聴覚機器，事務管理などに必要な施設・設備を確保するよう求めるとともに，また利用者に応じて，児童・青少年，高齢者及び障害者等に対するサービスに必要な施設・設備を確保するよう努めるものとする。

3　都道府県立図書館
(1) 運営の基本
① 都道府県立図書館は，住民の需要を広域的かつ総合的に把握して資料及び情報を収集，整理，保存及び提供する立場から，市町村立図書館に対する援助に努めるとともに，都道府県内の図書館間の連絡調整等の推進に努めるものとする。
② 都道府県立図書館は，図書館を設置していない市町村の求めに応じて，図書館の設置に関し必要な助言を行うよう努めるものとする。
③ 都道府県立図書館は，住民の直接的利用に対応する体制も整備するものとする。
④ 都道府県立図書館は，図書館以外の社会教育施設や学校等とも連携しながら，広域的な観点に立って住民の学習活動を支援する機能の充実に努めるものとする。
(2) 市町村立図書館への援助
　市町村立図書館の求めに応じて，次の援助に努めるものとする。
ア　資料の紹介，提供を行うこと。
イ　情報サービスに関する援助を行うこと。
ウ　図書館の資料を保存すること。
エ　図書館運営の相談に応じること。
オ　図書館の職員の研修に関し援助を行うこと。
(3) 都道府県立図書館と市町村立図書館とのネットワーク
　都道府県立図書館は，都道府県内の図書館の状況に応じ，コンピュータ等の情報・通信機器や電子メディア等を利用して，市町村立図書館との間に情報ネットワークを構築し，情報の円滑な流通の確保に努めるとともに，資料の搬送の確保にも努めるものとする。

(4) 図書館間の連絡調整等
① 都道府県内の図書館の相互協力の促進や振興等に資するため，都道府県内の図書館で構成する団体等を活用して，図書館間の連絡調整に努めるものとする。
② 都道府県内の図書館サービスの充実のため，学校図書館，大学図書館，専門図書館，他の都道府県立図書館，国立国会図書館等との連携・協力に努めるものとする。
(5) 調査・研究開発
　都道府県立図書館は，図書館サービスを効果的・効率的に行うため，調査・研究開発に努めるものとする。特に，図書館に対する住民の要求や図書館運営にかかわる地域の諸条件の調査・分析・把握，各種情報機器の導入を含めた検索機能の強化や効率的な資料の提供など住民の利用促進の方法等の調査・研究開発に努めるものとする。
(6) 資料の収集，提供等
　都道府県立図書館は，3の(9)により準用する3の(2)に定める資料の収集，提供等のほか，次に掲げる事項の実施に努めるものとする。
ア　市町村立図書館等の要求に十分応えられる資料の整備
イ　高度化・多様化する図書館サービスに資するための，郷土資料その他の特定分野に関する資料の目録，索引等の作成，編集及び配布
(7) 職　員
　都道府県立図書館は，3の(9)により準用する2のニに定める職員のほか，3の(2)から(6)までに掲げる機能に必要な職員を確保するよう努めるものとする。
(8) 施設・設備
　都道府県立図書館は，3の(9)により準用する2の(11)に定める施設・設備のほか，次に掲げる機能に必要な施設・設備を備えるものとする。
ア　研修
イ　調査・研究開発
ウ　市町村立図書館の求めに応じた資料保存等
(9) 準　用
　市町村立図書館に係る2の(2)から(11)までの基準は，都道府県立図書館に準用する。

〈資料4〉 公立図書館の任務と目標

(1989年1月確定公表　2004年3月改訂)
(日本図書館協会図書館政策特別委員会作成)

はじめに

　日本図書館協会は，1979年の総会において採択した「図書館の自由に関する宣言 1979年改訂」において，「すべての国民は，いつでもその必要とする資料を入手し利用する権利を有する」こと，そして「この権利を社会的に保障することに責任を負う機関」が図書館であることを表明した。また，「すべての国民は，図書館利用に公平な権利をもっており，人種，信条，性別，年齢やそのおかれている条件等によっていかなる差別もあってはならない」とも述べており，われわれは，これらのことが確実に実現されるよう，図書館サービスの充実に努めなければならない。

　日本の公立図書館サービスは，1950年の図書館法によって「図書館奉仕」の理念を掲げはしたものの，その具現化には相当の年月を要し，ようやく1960〜70年代に，『中小都市における公共図書館の運営』(1963年)，『市民の図書館』(1970年)を指針として発展の方向を見いだした。図書館を真に住民のものにしようという意欲的な図書館員の努力，読書環境の整備充実を求める住民要求の高まり，それを受け止める自治体の積極的な施策と対応によって，図書館サービスは顕著な発展を遂げてきた。

　1980年代になると，いわゆる行政改革により，図書館はつくっても十分な職員を配置せず，その不足を嘱託，臨時職員などで補う自治体，さらには図書館法の精神に反して，公立図書館の管理運営を公社・財団等に委託するケースや司書を派遣会社に求める自治体が現れる。その上，1990年代には，生涯学習体系への移行，情報ネットワークの整備という，国の政策レベルの動向，さらには90年代以降構造改革，分権推進，規制緩和という政治や経済の動きを受けて，図書館経営に一段と複雑かつ厳しい様相が広がっている。

　先に述べたとおり，すべての国民に図書館利用の権利を保障することは，民主主義国家においては必須の条件であり，それは公の責任で果たされなければならない。こうした観点から，地方自治体が無料公開の図書館を設置し，管理運営することは，欧米先進諸国においては19世紀半ばに確立された伝統である。日本は，いまだこの原理に則った近代図書館を整備する途上にある。今なお図書館をもたない町村が6割にも及ぶという事実があるし，先進的な市町村といえども，すべての住民のニーズに応えられるという域には遠く，あるべき図書館サービスは形成過程だと認識することが至当である。

　もちろん，公立図書館の維持発展を図ることは，地方自治体及び地域住民の発意と責任に帰することであるが，「図書館事業の進歩発展を図り，わが国文化の進展に寄与する」という本協会の目的にてらして，協会会員の関心を喚起するとともに，それぞれの地域・職域における図書館サービス計画の立案に資することを願って，「公立図書館の任務と目標」を策定し公表することにした。

　当初，この文書の策定は，公立図書館である以上，少なくともこのレベル程度の活動は，という「基準」を提起することを意図して始められた。しかし，「基準」といえば図書館法にいう基準との混同を招く恐れもあること，さらに「基準」という言葉には数量的なものが意識される傾向が強いので，この語を使用しないことにした。

　すべての図書館が，この内容を達成し，さらに高いレベルの新たな目標を掲げ得る状況の速やかな到来を強く望むものである。

第1章　基本的事項

(公立図書館の役割と要件)

1　人間は，情報・知識を得ることによって成長し，生活を維持していくことができる。また，人間は文化的な，うるおいのある生活を営む権利を有する。

　公立図書館は，住民がかかえているこれらの必要と欲求に応えるために自治体が設置し運営する図書館である。公立図書館は，乳幼児から高齢者まで，住民すべての自己教育に資するとともに，

住民が情報を入手し，芸術や文学を鑑賞し，地域文化の創造にかかわる場である。公立図書館は，公費によって維持される公の施設であり，住民はだれでも無料でこれを利用することができる。

公立図書館は，図書館法に基づいて地方公共団体が設置する図書館であり，教育委員会が管理する機関であって，図書館を設置し図書館サービスを実施することは，地方公共団体の責務である。また，公立図書館は住民の生活・職業・生存と精神的自由に深くかかわる機関である。このような基本的性格にてらして，公立図書館は地方公共団体が直接経営すべきものであり，図書館の運営を他へ委託すべきではない。

(知る自由の保障)

2　住民は，あらゆる表現の記録（資料）に接する権利を有しており，この住民の知る自由を保障することは，公立図書館の重要な責務である。この責務を果たすため，公立図書館は，住民の意思を受けて図書その他の資料を収集し，収集した資料を住民に提供する自由を有する。住民の中には，いろいろな事情で図書館利用から疎外されている人びとがおり，図書館は，すべての住民の知る自由の拡大に努めなければならない。

(図書館の利用)

3　住民は，図書館の利用を通じて学習し，情報を入手し，文化的な生活を営むことができる。図書館の活用によって達成できることは多様であり，限りない可能性をもっているが，おおむね次のようなことである。

　1　日常生活または仕事のために必要な情報・知識を得る。
　2　関心のある分野について学習する。
　3　政治的，社会的な問題などに対するさまざまな思想・見解に接し，自分の考えを決める糧にする。
　4　自らの住む地域における行政・教育・文化・産業などの課題解決に役立つ資料に接し，情報を得る。
　5　各自の趣味を伸ばし，生活にくつろぎとうるおいをもたらす。
　6　子どもたちは，読書習慣を培い，本を読む楽しさを知り，想像力を豊かにする。
　7　講演会・読書会・鑑賞会・展示会などに参加し，文化的な生活を楽しむ。
　8　人との出会い，語りあい，交流が行われ，地域文化の創造に参画する。

(図書館計画)

4　公立図書館は，本来住民のために住民の意思を受けて設置され運営される民主的な機関であり，住民要求の多様化と増大，それに応える資料の増加にともなって成長発展するものである。したがって，図書館は長期・短期の計画を立案・作成し，その計画が自治体の施策として実行されなければならない。

(住民参加)

5　公立図書館は，住民の要求あるいはニーズに応える機関であって，その創設・増改築にあたっては，地域の住民の意向が十分に反映されなければならない。単に施設の面ばかりではなく，年次計画の策定，日常の図書館活動の企画についても，住民の参加が欠かせない。

図書館の発展をはかることは，まず図書館員の責任であるが，それとともに，住民の提起が図書館をより有意義な機関に育て，図書館の可能性を拡大していく。住民の制度的参加としては，図書館協議会が活用されるべきである。そういう公的な場も重要であるが，日常的な活動の中での利用者との対話，あるいは利用者との懇談会などを通じて，住民の要求をとらえ，その提案をいかす努力と工夫が肝要である。

図書館員は，住民参加の意義を正しく認識し，住民の要望・提案に誠実に対応しなければならない。

(図書館相互の協力)

6　住民が必要とする資料は多種多様であるために，単独の図書館が所蔵する資料だけでは，要求に応えられないことがある。一自治体の図書館はもちろんのこと，設置者を異にする図書館が相互に補完し協力することによって，住民の多様な要求を充足することが可能となる。

(図書館職員)

7　住民と資料を結びつけるための知識と技術を習得している専門職員を配置することは，図書館として不可欠の条件である。

図書館職員は，「図書館の自由に関する宣言」及び「図書館員の倫理綱領」を十分によく理解し，これらの宣言・綱領に則って業務を遂行することによって，住民の信頼を獲得し図書館の発展をはかることができる。

第2章　市（区）町村立図書館
1　図書館システム

8　住民はだれでも，どこに住んでいても，図書館サービスを受ける権利をもっている。自治体は，その区域のすみずみまで図書館サービスが均質に行きわたるように努めなければならない。

9　一つの自治体が設置する複数の図書館施設は，図書その他の資料の利用または情報入手に関する住民の要求を満たすために有機的に結ばれた組織体でなければならない。このような組織を図書館システムという。

図書館システムは，地域図書館（以下「地域館」という）と移動図書館，これらの核となる中央図書館（以下「中央館」という）から成る。

自治体は，すべての住民の身近に図書館のサービス・ポイントを配置する。

10　住民はだれでも，身近にあるサービス・ポイントを窓口として，必要とする図書その他の資料を利用することができる。

11　住民はだれでも，身近なサービス・ポイントを通じて，レファレンス・サービスを受け，生活に必要な情報や文化情報などを得る。

12　図書館システムを構成するそれぞれは，独自に活動するのではなく，中央館をかなめとし，統一されたサービス計画のもとに，組織全体として最大の効果をあげるように活動する。

13　住民の大多数が地域館または中央館のサービス圏内におさまるように，必要数の図書館を設置しなければならない。その規模は，サービス圏内の人口に応じて定められる。

地域館及び中央館のサービス圏内に含まれない地域の住民に対しては，移動図書館の巡回を行う。

移動図書館は，図書館のはたらきを住民にとって身近なものとし，図書館システムの形成を促進するために重要な役割をもっている。

14　図書館は，地域館と中央館及び地域館相互間の図書館資料の円滑な流れを確保するために，必要な物流体制を整備する。

2　図書館サービス

15　図書館サービスの基本は，住民の求める資料や情報を提供することである。そのために，貸出，レファレンス・サービスを行うとともに，住民の資料や情報に対する要求を喚起する働きかけを行う。住民の図書館に寄せる期待や信頼は，要求に確実に応える日常活動の蓄積によって成り立つ。その基礎を築くのは貸出である。

16　図書館は，資料提供の機能の展開として，集会・行事を行うとともに，図書館機能の宣伝，普及をはかるための活動や，利用案内を行う。

席借りのみの自習は図書館の本質的機能ではない。自習席の設置は，むしろ図書館サービスの遂行を妨げることになる。

17　さまざまな生活条件を担っている地域住民がひとしく図書館を利用できるためには，その様態に応じてサービスの上で格別の工夫と配慮がなされなければならない。

18　乳幼児・児童・青少年の人間形成において，豊かな読書経験の重要性はいうまでもない。生涯にわたる図書館利用の基礎を形づくるためにも，乳幼児・児童・青少年に対する図書館サービスは重視されなければならない。

また，学校図書館との連携をすすめ，児童・生徒に対して利用案内を行うとともに，求めに応じて学校における学習や読書を支援する。

19　高齢者の人口比や社会的役割が増大しているいま，高齢者へのサービスについては，その要望や必要に応じた資料，施設，設備，機材の整備充実に努める。さらに図書館利用の介助等，きめこまかなサービスの提供に努める。

20　障害者をはじめとして図書館の利用を疎外されてきた人びとに対して，種々の方途を講じて図書館を利用する権利を保障することは，図書館の当然の任務である。

21　被差別部落の住民への図書館サービスは，文化的諸活動や識字学級に対する援助などによってその範囲を広げる。

22　アイヌ等少数民族並びに在日朝鮮・韓国人その他の在日外国人にとって，それぞれの民族文化，伝統の継承，教育，その人びとが常用する言語による日常生活上の情報・資料の入手は重要である。図書館は，これらの人びとへの有効なサービスを行う。

23　開館日，開館時間は，地域住民が利用しやすい日時を設定する。

（貸　出）

24　貸出は，資料提供という図書館の本質的機能を最も素朴に実現したものであり，住民が図書館のはたらきを知り，図書館サービスを享受し得る

最も基本的な活動である。したがって図書館は、すべての住民が個人貸出を受けられるように条件を整える。

そのために利用手続は簡単で、どのサービス・ポイントでも貸出・返却ができるようにする。貸出方式は、利用者の秘密が守られるものにする。一人に貸出す冊数は、各人が貸出期間内に読み得る範囲で借りられるようにする。

貸出には、資料案内と予約業務が不可分のものとして含まれる。

25　図書館は、一人ひとりの利用者と適切な資料を結びつけるために資料案内を行う。その一環として、フロア・サービスが有効である。

26　図書館は、住民が求めるどんな資料でも提供する。そのためには、所蔵していない資料も含めて予約に対応できる体制を整える。

27　求めに応じて、読書グループや文庫などの団体や施設に対して貸出を行う。

(レファレンス・サービス)

28　図書館は、住民の日常生活上の疑問に答え、調査研究を援助するためにレファレンス・サービスを行う。

29　中央館や大きな地域館には、参考資料室を設ける。他のサービス・ポイントもレファレンス・サービスの窓口を開く。

30　レファレンス・サービスは、図書館システム全体で、また相互協力組織を通じてあたるほかに、類縁機関、専門機関と連携して行う。

31　資料に基づく援助のほか、レファレンス・サービスの制限事項とされることが多い医療・法律相談などや資料提供を越える情報サービスも、専門機関や専門家と連携することによって解決の手がかりを供することができる。

(複　写)

32　図書館は、資料提供の一環として複写サービスを行う。

(集会・行事)

33　資料提供の機関である図書館が、住民の自主的な学習活動を援助するために集会機能をもつことの意義は大きい。自由な談話の場、グループ活動の場と、学習を発展させるための設備、用具を提供する。

34　資料提供の機能の展開として、展示、講座、講演会その他の行事を行う。

(広　報)

35　図書館の役割を住民に周知するため、館報、広報等によって宣伝するとともに、マスコミ等を通じて住民の理解を深めるよう努める。

3　図書館資料

36　図書、逐次刊行物、視聴覚資料、電子資料などは、人類の知識や想像力の成果を集積したものであり、人びとの生活に欠くことのできない情報伝達の手段である。図書館は、すべての住民の多様な資料要求に応えるため、これらの資料を幅広く、豊富に備える。

図書館は、住民が外部ネットワークの情報資源へ自由にアクセスできる環境を整備する。

37　資料構成は、有機的なつながりをもち、住民のニーズと地域社会の状況を反映したものでなければならない。とくに地域館では、児童用資料を豊富に備える必要がある。

38　資料は、図書館の責任において選択され、収集される。

図書館は、資料の収集を組織的、系統的に行うため、その拠りどころとなる収集方針及び選択基準を作成する。これらは、資料収集の面から図書館サービスのあり方を規定するものであり、教育委員会の承認を得ておくことが望ましい。

収集方針及び選択基準は、図書館のあり方について住民の理解を求め、資料構成への住民の参加と協力を得るために公開される。

39　住民に適切な判断材料を提供するため、政治的、社会的に対立する意見のある問題については、それぞれの立場の資料を収集するよう努める。図書館の収集した資料がどのような思想や主張をもっていようとも、それを図書館が支持することを意味するものではない。

40　地域館では、住民の身近な図書館として、日常の問題解決に役立つ参考図書、教養書、実用書、読み物など、その地域に適した図書を備える。また地域の事情に応じて外国語図書を収集する。

41　図書館は、住民の関心に沿って、幅広く多様な雑誌を選んで備える。また、地域の状況に応じて外国雑誌も備える。

42　図書館は、全国紙、地方紙、政党機関紙のほか、それぞれの地域の状況に応じて専門紙を備える。

43　図書館は、図書、雑誌、新聞のほか、CDや

録音テープなどの音声資料，フィルムやビデオソフトなどの映像資料，CD-ROMなどの電子資料や写真，地図などを備える。また，視覚・聴覚障害者のために，点字図書，録音図書，大活字本，字幕付映像資料などの資料の収集にも努める。

44 それぞれの地域に関する資料や情報の収集・提供は，図書館が住民に対して負っている責務である。そのため図書館は，設置自治体の刊行物及びその地域に関連のある資料を網羅的に収集するほか，その地域にかかわりのある機関・団体等の刊行物の収集にも努める。また，その地方で刊行される一般の出版物についても収集に努める。

図書館が収集したそれぞれの地域に関する資料・情報については，より有効に活用できるよう，目録やデータベースの作成を行う。

45 住民の多様な資料及び情報の要求に応えるためには，公刊される資料の収集だけでは不十分である。図書館は，ファイル資料を編成したり写真資料，録音・録画資料を作成し，図書，小冊子などを出版する。あわせて，資料の電子化をすすめネットワークなどを通じて公開する。さらに，障害者のために，それぞれの必要な資料の製作に努める。

46 図書館は，すべての資料が利用者の求めに応じて迅速，的確に提供できるよう，統一的にその組織化を行う。

47 図書館は，住民がどのサービス・ポイントからでも，すべての所蔵資料を一元的に検索できるよう目録を整備する。目録は，常に最新の情報が提供できるよう維持されなければならない。

48 利用者が直接，自由に求める資料を手にすることができるよう，日常的に利用される資料を中心に，可能な限り多くの資料を開架にする。その排列にあたっては，利用者が資料をみつけやすく，利用しやすいような配慮が必要である。

49 図書館は，常に新鮮で適切な資料構成を維持し，充実させるために資料の更新及び除籍を行う。広域的に再利用が見込める資料については，県立図書館等への譲渡によって活用をはかる。

4 相互協力

50 図書館は，住民の要求する資料を必ず提供するために，各市町村の図書館が相互に協力しあうことが必要である。

51 相互協力は，資料の相互貸借，複写，レファレンス業務などサービス面で協力するほかに，資料の分担収集，保存及び索引の作成なども共同で行うものである。ときには職員研修，採用試験などにも及ぼすことができる。

52 図書館はまた，同じ地域内の他館種の図書館や類縁機関，専門機関と連携して，住民の資料要求に応えるよう努める。

第3章 都道府県立図書館

1 役割と機能

53 都道府県立図書館（以下「県立図書館」という）は，市町村立図書館と同様に住民に直接サービスするとともに，市町村立図書館の求めに応じてそのサービスを支援する。

大多数の住民にとって，身近にあって利用しやすいのは市町村立図書館である。したがって県立図書館は市町村立図書館への援助を第一義的な機能と受けとめるべきである。

県立図書館であるということを理由に，全く個人貸出を行わないとか，児童サービスを実施しないということがあってはならない。

54 県立図書館が有する資料と機能は，多くの場合，市町村立図書館を通じて住民に提供される。

55 市町村立図書館を利用するか，直接に県立図書館を利用するかは，住民各自がそのときの事情に応じて選択することであって，住民がいずれの方法をとった場合にも，図書館は十全に対応すべきである。

56 県立図書館と市町村立図書館との関係は，前者が後者を指導するとか調整するという関係ではない。

57 県ないし県教育委員会が図書館振興のための施策を立案する際には，県立図書館は，県内図書館の現状に関する資料及び図書館振興に関する資料を提供し，県としての政策立案に協力する。

58 県立図書館は，県内公立図書館の協議機関に加わり，その活動を援助する。

2 市町村立図書館への援助

59 県立図書館は，市町村立図書館の求めに応じて，資料を貸出す。この場合，原則として要求された資料は，すべて貸出すべきである。

貸出期間は，市町村立図書館の貸出に支障がないように定める。貸出す冊数は無制限とすることが望ましい。

60 求められた資料を県立図書館が所蔵せず，し

かも入手不可能な場合は，可能な範囲で所蔵館を調査し，請求館に通知する。
61　小図書館または創立時の図書館に対しては，一括して相当量の図書を貸出する。
62　市町村立図書館において調査不可能な参考質問を，県立図書館は調査し回答する。
63　県立図書館においても調査不可能な参考質問で，他館または類縁機関において回答可能と思われる場合は，その館・機関を紹介する。
64　市町村立図書館の児童サービスの発展のために，県立図書館は，選択のための児童書常設展示，児童サービスに関する情報の収集と伝達などの援助を行う。
65　県立図書館は，県域に関する書誌・索引あるいはデータベースを作成し，利用に供する。
66　市町村立図書館間の相互協力のために，市町村立図書館の求めに応じて，県立図書館はあらゆる援助を行う。
67　県立図書館は資料の提供，市町村立図書館間協力への援助，県内資料の収集，そうして市町村立図書館を知るために，定期的に巡回車を運行する。
68　県立図書館は資料保存の責任を果たすため，市町村立図書館の求めに応じて，それらの館の蔵書の一部を譲り受けて，保存し，提供する。
69　県立図書館は，県の刊行物を市町村立図書館に配布する。
70　県内公立図書館職員の資質・能力向上のため，県立図書館は，研究資料，研修の場を提供し，可能なかぎり経費を負担する。
71　県立図書館は，求めに応じて図書館，読書，郷土研究，その他の全県的な団体の活動を援助する。

3　図書館資料

72　県立図書館は，住民のあらゆる資料要求に応える責任と，市町村立図書館の活動を支える資料センターとしての役割を果たすため，図書，逐次刊行物，電子資料，マイクロ資料，視聴覚資料のほか，障害者用資料など，多様な資料を豊富に収集し，保存する。あわせて，住民や市町村立図書館が外部ネットワークの情報資源へ自由にアクセスできる環境を整備する。
73　県立図書館の資料は，児童用資料を含み，すべての主題分野を包括するとともに，それぞれの分野では有機的なつながりをもった構成でなければならない。
74　県立図書館は，資料の収集を組織的，系統的に行うため，収集方針及び選択基準を作成し，公開する。
75　県立図書館は，国内で出版される図書，とりわけ県内の出版物を網羅的に収集するほか，外国で発行される図書についても広く収集に努める。
76　県立図書館は，外国で発行のものも含め，あらゆる主題の雑誌を収集する。また，新聞についても，全国紙，地方紙，政党機関紙のほか，専門紙をできるかぎり幅広く収集するとともに，外国の新聞の収集にも努める。
　これら逐次刊行物の保存については，県立図書館はとくに留意する必要がある。
77　県立図書館は，その県及び関係機関，団体の発行する資料の収集に責任をもつほか，市町村立図書館の協力を得て，各地の地域資料も収集する。
78　県立図書館は，地域の要求に応えるため，ファイル資料，写真資料，録音・録画資料を作成し，図書，小冊子などを出版する。あわせて，資料の電子化をすすめネットワークなどを通じて公開する。さらに，障害者のために，それぞれの必要な資料の製作に努める。
79　日々の増加図書を含むすべての所蔵資料の検索を容易にして，その円滑な利用をはかるため，県立図書館は自館所蔵資料のデータベースを作成し，維持する。また，郷土資料目録など必要な総合目録の作成にも努める。
80　県立図書館は，所蔵資料の充実に努め，除籍は最小限にとどめる。

4　相互協力

81　県立図書館は，市町村立図書館に充実した援助ができるように，近隣の県立図書館，及び各種図書館・類縁機関と常に連絡を保ち，協力する態勢をつくる。そのために，それらの機関の所蔵資料，保有情報の実態を把握し，協力を得られるよう努める。
82　県立図書館は，自館所蔵資料のデータベースを公開するとともに，県内の市町村立図書館や大学図書館等のデータベースとの横断的な検索も容易にできるようにする。
83　県立図書館は，関連する近隣地域の情報を提供できるように，近隣の県立図書館及び類縁機関と，それぞれの地域に関する資料及び書誌，索引

を交換，収集する。

第4章　公立図書館の経営
1　公立図書館経営の理念
84　公立図書館の経営は，図書館計画に基づき職員，経費，施設の適切な措置の上で，継続的・安定的になされる必要がある。

　運営においては，不断に計画・評価を組み込んで，地域住民の要求に応える体制を維持しなければならない。

2　職　員
85　公立図書館の職員は，住民の知る自由を保障し，資料と人とを結びつける使命を自覚し，住民の資料に対する要求に応え，資料要求を拡大するために，最善の努力をはらう。

86　職員は，図書館運営に参画し，自由に意見を述べるよう努める。館長は，職員のさまざまな意見・発想をまとめ，館運営に生かすよう努めなければならない。

87　専門的な資質・能力をもった専門職員が中心となって運営することによって，図書館は住民の生活に不可欠な施設となることができる。

　図書館を設置する自治体は，司書（司書補）を専門職種として制度化すべきである。その内容は次のとおりである。

　　1　司書（司書補）資格をもつ者を，公開公募の試験によって採用する。
　　2　専門職員は，本人の希望または同意によるほかは，他職種へ異動されない。
　　3　専門職員には，昇任の機会が適正に与えられる。

88　館長は，公立図書館の基本的任務を自覚し，住民へのサービスを身をもって示し，職員の意見をくみあげるとともに，職員を指導してその資質・能力・モラールの向上に努める。

　このため，館長は専任の経験豊かな専門職でなければならない。

89　図書館の専門職員となろうとするもののため，資格取得に多様な道が開かれていることが望ましい。

90　図書館職員としての能力を高めるため，すべての職員に研修の機会が与えられる。とくに専門職員は自ら学習に努め，基礎的教養と専門的技量を高める努力を怠ってはならない。

　館長は研修・学習のための便宜をはかり，各専門団体の行う研究会等への職員の参加を奨励する。

91　夜間開館や祝日開館への住民の要求が強くなってきている。これに応えるためには，開館時間内でのサービスに格差が生じないよう，職員体制の整備が必要である。

3　経　費
92　公立図書館の予算は，その果たすべき任務に比して，一般にあまりにも過少である。予算の拡大充実は住民の要求と支持，それを背景にした図書館の強い確信と実践によって達せられる。

93　公立図書館は，住民の納める税によって維持される。したがって図書館の予算は最大限に効果をあげるよう編成されるべきである。

94　過少な経費は，住民に失望感を与える図書館をつくり，結果として無駄となる。一定水準以上のサービスを維持するに足る経費を予算化することによって，住民に役立つ図書館となることができる。

95　委託などによって，予算額が縮小し，節約されたかのようにみえる場合がある。しかし現実にはサービスの遅れや質の低下が現れたりする例が多い。

　予算の効率は，住民サービスの質と量を基準に測るべきであり，最終的には住民の評価がその適否を決定する。

4　施　設
96　図書館建築には，図書館側の構想が反映されていなければならない。そのためには，住民の意向もとりいれた図書館建築計画書を設計者に提示することが不可欠である。

97　図書館は，単独施設であることが望ましい。立地条件・地理的事情や運営方法により複合施設となる場合は，図書館の理念及び運営方針を設計に反映させ，図書館施設としての機能を損なわないよう，また，独立して管理・運営ができるようにしなければならない。

98　図書館は住民の生活動線上にあり，立地条件のよいことが重要である。建物は明るく，親しみやすく，利用者が気軽に使える施設でなければならない。

99　館内は，利用者にとってわかりやすい構成であり，図書館員にとっても働きやすい施設でなければならない。また，館内全体にわたって障害者が利用できる施設にすべきである。

第5章　都道府県の図書館振興策

100　すべての市町村に，計画性に裏づけられた公立図書館サービスの実態をつくりだすことは，それぞれの自治体の責任であり，広域自治体である都道府県及び都道府県教育委員会（以下「県」という）は，すべての県民が十分な図書館サービスを享受できるよう，その振興をはかる責務を負っている。

101　県は，県下の図書館振興をはかる行政の所管を明確にし，施策にあたっては県立図書館との連絡を密にし，県図書館協会などの協力を得る。

102　県は，県下すべての市町村に図書館が設置され，そのサービスが一定の水準以上に達するよう助成する県としての図書館振興策を策定する。

振興策の策定にあたっては，県下の図書館専門職員，専門家，市町村関係者の協力を得るとともに，住民の意思を反映したものとなるよう努める。

103　県が策定する図書館振興策には，おおむね次のような内容が考えられる。
(1)　市町村における図書館サービスの望ましい目標の設定。
(2)　市町村に対する図書館施設（移動図書館を含む）整備補助制度の設定。その実施にあたっては，図書館法に基づく国の基準や県が独自に定める一定の要件を満たしていることを条件として，補助を行う。
(3)　市町村立図書館の活動が一定の水準以上を達成できるための資料購入費補助制度の設定。
(4)　市町村立図書館の活動の充実に役立つ設備・機器等の購入の助成。
(5)　県下公立図書館職員の研修と交流の機会の設定とそれに要する経費助成。
(6)　県民に対する図書館に関する情報・資料の提供。
(7)　公立図書館未設置自治体に対する啓蒙，情報・資料の提供。
(8)　市町村立図書館の活動を援助するための県立図書館の整備・充実。

104　県下の図書館振興のために県立図書館は，第3章第2節に掲げる援助を行うとともに，図書館についての情報・資料を県民，市町村及び市町村立図書館に提供する。

105　未設置自治体，とりわけ設置率が低位にとどまる町村に対して県立図書館は，図書館設置を促すような計画的働きかけを行う。未設置自治体の住民を対象とする補完的サービスを行う場合は，それが県の振興策の一環としての位置づけをもち，市町村独自の図書館サービスの始動によい刺激となるようなものでなければならない。

106　県または県立図書館が，子ども文庫など県民の読書活動を助成する場合は，当該の市町村または市町村立図書館と連携して行う。

図書館システム整備のための数値基準

公立図書館の数値目標について，旧版までは一委員の試案というかたちで掲載してきた。この間，日本図書館協会では「図書館による町村ルネサンス　Lプラン21」（日本図書館協会町村図書館活動推進委員会著2001）を発表し，そこで公立図書館の設置と運営に関する数値基準を提案した。これは「日本の図書館1999」をもとに，全国の市町村（政令指定都市及び特別区を除く）の公立図書館のうち，人口一人当たりの「資料貸出」点数の多い上位10％の図書館の平均値を算出し，それを人口段階ごとの基準値として整理した上で提案されたものである。

そこで今回の改訂にあたっては，「Lプラン21」の数値基準を改訂するかたちで，「日本の図書館2003」によって新たに平均値を算出し，これをもとにした「数値基準」として提案することとする。

「目標値」としてではなく，達成すべき「基準値」としたのは，ここに掲げられた数値がそれぞれの人口段階の自治体において，すでに達成されたものであるからである。少なくとも図書館設置自治体のうち,10％の自治体にあっては住民がこの水準の図書館サービスを日常的に受けているのであり，住民にとって公立図書館サービスが原則的には選択不可能なサービスであることからも，ここで提案する数値はそれぞれの自治体において早急に達成されるべきものであると考えている。

なお，ここに掲げた「数値基準」は「日本の図書館2003」に基づくものであり，今後は最新版の「日本の図書館」によって算出された数値を基準にするものとする。

● システムとしての図書館

ここで掲げている数値は自治体における図書館システム全体を対象としたものである。自治体の人口規模や面積，人口密度等に応じて地域館や移

動図書館を設置運営し，図書館システムとしての整備を進めていくことが必要である。

● **図書館の最低規模は，蔵書50,000冊**
　図書館が本文書で掲げるような図書館として機能し得るためには，蔵書が5万冊，専任職員数3名が最低限の要件となる。このとき，図書館の規模としては800㎡が最低限必要となる。これは地域館を設置する場合においても最低限の要件である（末尾に添付の資料参照）。

[延床面積]
人口　6,900人未満1,080㎡を最低とし，
人口　18,100人までは1人につき0.05㎡
　　　46,300人までは1人につき0.05㎡
　　 152,200人までは1人につき0.03㎡
　　 379,800人までは1人につき0.02㎡
を加算する。

[蔵書冊数]
人口　6,900人未満67,270冊を最低とし，
人口　18,100人までは1人につき3.6冊
　　　46,300人までは1人につき4.8冊
　　 152,200人までは1人につき3.9冊
　　 379,800人までは1人につき1.8冊
を加算する。

[開架冊数]
人口　6,900人未満48,906冊を最低とし，
人口　18,100人までは1人につき2.69冊
　　　46,300人までは1人につき2.51冊
　　 152,200人までは1人につき1.67冊
　　 379,800人までは1人につき1.68冊
を加算する。

[資料費]
人口　6,900人未満1,000万円を最低とし，
人口　18,100人までは1人につき796円
　　　46,300人までは1人につき442円
　　 152,200人までは1人につき466円
　　 379,800人までは1人につき229円
を加算する。

[年間増加冊数]
人口　6,900人未満5,574冊を最低とし，
人口　18,100人までは1人につき0.32冊
　　　46,300人までは1人につき0.30冊
　　 152,200人までは1人につき0.24冊
　　 379,800人までは1人につき0.17冊
を加算する。

[職員数]
人口　6,900人未満6人を最低とし，
人口　18,100人までは100人につき0.025人
　　　46,300人までは100人につき0.043人
　　 152,200人までは100人につき0.041人
　　 379,800人までは100人につき0.027人
を加算する。

基準値の算出例
　たとえば人口50,000人の自治体の場合，必要な延床面積の算出は，下記の計算により，3,161㎡となる。
$1,080 + ((18,100 - 6,900) \times 0.05) + ((46,300 - 18,100) \times 0.05) + ((50,000 - 46,300) \times 0.03) = 1,080 + 560 + 1,410 + 111 = 3,161$

さくいん

あ行

アウトリーチサービス 19, 112
アクセシビリティ 15
アクセス 160
アクセス可能性 15
アベイラビリティ 15
アベイラビリティ・レート 31, 32, 153
一般成人へのサービス 112
閲覧 2, 28
エレクトロニック・ライブラリー論 151
遠隔地居住者への支援 95
親子読書 110

か行

概念的アクセス 161
外部評価 137
貸出し 2, 31
学校図書館 75
紙媒体図書館 155
カレントアウェアネスサービス 44
機械化図書館 157
教育的・文化的なグループへの支援 107
行政支援 90
行政支援サービス 46
矯正施設入所者への支援 104
郷土に関わる情報の収集 113
業務支援 90
許諾権者 132
言語的アクセス 160
公共図書館 69
公貸権 125, 135
広報活動 28, 47
高齢者サービス 18, 98
国際標準化機構 147
国立国会図書館 78
古文書等収集・提供活動 113

さ行

識字教育事業支援 107
自己点検・評価 137
事実検索用情報源 42
指示的（書誌的）アクセス 160
市町村立図書館 50
質問 43
指定管理者制度 65, 154
自動貸出機 34
児童サービス 18, 108
社会的弱者への支援 96
集会・行事活動 28, 46
収集 13
住民参加とボランティア活動 65
自由利用マーク 129
小・中学校への支援 107
障害者サービス 18
情報サービス 26

情報提供サービス 19
書誌コントロール 16
書誌調整 16
書誌ユーティリティ 53
資料収集 56
資料提供 58
資料提供サービス 19, 25
資料の組織化 57
資料保存 58
新公共経営（new public management）政策 154, 155
生活支援 94
成人サービス 18
世界知的所有権機関 117
専門機関 85
専門図書館 76
遡及検索サービス 45
組織化（整理） 13

た行

第一線図書館 48
大学設置基準 137
大学図書館 72
第三者評価 137
第二線図書館 49
多文化サービス 19, 99
地域活性化促進活動 113
著作権 115
著作権集中処理機構 133
著作権の保護期間 121
著作権法 39, 116, 118
著作者 119
著作者財産権 121

著作者人格権　121
著作物　118
著作隣接権　123
提供　15
テクニカルサービス　17
デジタル・ライブラリー論　151
電子出版　155
電子図書館　158
ドキュメンテーション　156
読書相談　45
図書館員の倫理綱領　7
図書館活動　3
図書館行政　62
図書館業務外部委託　63
図書館協力　80
図書館コンソーシアム　52
図書館サービス　3
図書館施設　10
図書館職員　10
図書館資料　10
図書館振興　62
図書館政策　62
図書館の権利宣言　5
図書館の自由に関する宣言　6
図書館評価　136, 137

図書館奉仕　4
図書館利用者　10
都道府県立図書館　49

な行

日本映像ソフト協会　130
日本工業規格「JIS X0812」147
日本図書館協会　130
入手可能性　15
乳幼児サービス　18

は行

パフォーマンス指標　147
パブリックサービス　17
万国著作権条約　116
ビジネス支援　92
ビジネス支援サービス　46
費用対効果　139
費用対便益　140
複写サービス　38
ブックスタート　109
ブックモビル（自動車図書館）　35
物的アクセス　160
プランニング・プロセス（計画立案過程）　142
文献検索用情報源　42

文献制御　16
文庫活動支援　105
ベルヌ条約　116
方式主義　116
法的基盤　59
保存　14
ボランティア・グループへの支援　107

ま行

マネジメント・サイクル　142
未就学児童へのサービス　110
無方式主義　116

や行

ヤングアダルトサービス　18, 111
ユネスコ公共図書館宣言　5

ら行

利用教育　44, 112
利用者満足度　147
類縁機関　85
レファレンスサービス　42

A accessibility　16
　　availability　16
　　availability rate　31
B bibliographic control　16
　　bibliographic utility　53
C Code of Ethics for Librarians　7

　　Copyright Clearance Center　133
D documentation　156
E EQLIPSE（Evaluation and Quality in Library Performance : System for Europe）　149
　　EQUINOX（Library Performance

さくいん

Measurement and Quality Management System) 149
EYEマーク 129
I ISO 147
ISO TR20983 電子図書館サービスのためのパフォーマンス指標 148
ISO11620 図書館パフォーマンス指標 148
ISO2789国際図書館統計 148
L Library Bill of Rights 5
O OKマーク 129
P PFI 64, 154
S SDIサービス 112
Statement on Intellectual Freedom in Libraries 6
T the automated library 157
the electronic library 158
the paper library 155
U UNESCO Public Library Manifesto 5
W World Intellectual Property Organization : WIPO 117

シリーズ監修者

高山正也 　国立公文書館長
たかやままさや　慶應義塾大学文学部教授

植松貞夫 　筑波大学教授
うえまつさだお

執　筆　者

高山正也（たかやま・まさや）

- 1941　大阪府豊中市に生まれる
- 1966　慶應義塾大学商学部卒業
- 1970　慶應義塾大学大学院文学研究科図書館・情報学専攻　修士課程修了
  東京芝浦電気㈱技術情報センター，カリフォルニア大学バークレー校訪問研究員，慶應義塾大学文学部助手，専任講師，助教授，教授を経て，
- 現在　国立公文書館長，慶應義塾大学名誉教授
- 主著　『図書館概論』（共著）（雄山閣出版），『図書館・情報センターの経営』（共著）（勁草書房），『情報社会をひらく』（共訳）（勁草書房），ほか多数

齋藤泰則（さいとう・やすのり）

- 1958　栃木県に生まれる
- 1980　慶應義塾大学文学部図書館・情報学科卒業
- 1992　東京大学大学院教育学研究科図書館学専攻博士課程単位取得退学
  玉川大学文学部助教授を経て，
- 現在　明治大学文学部教授
- 主著　『情報サービス概説』（共著）日本図書館協会
  『情報検索論：認知的アプローチへの展望』（共訳）丸善

宮部頼子（みやべ・よりこ）

- 1945　北海道室蘭市に生まれる
- 1968　国際基督教大学教養学部語学科卒業
- 1990　東京大学大学院教育学研究科図書館学専攻博士課程修了
- 1990以降　恵泉女学園短期大学専任講師兼図書館長代理，白百合女子大学教授（1998－2000図書館長）を経て，
- 現在　立教大学文学部教授・司書課程主任
- 主著　『図書館概論』改訂版（共編著）（教育史料出版会）『情報サービス概説』（共著）（日本図書館協会）ほか

池内淳（いけうち・あつし）

- 1972　広島県広島市に生まれる
- 1995　慶應義塾大学文学部図書館・情報学科卒業
- 2000　慶應義塾大学大学院文学研究科図書館・情報学専攻博士課程単位取得退学
- 現在　筑波大学大学院図書館情報メディア研究科准教授
- 主著　『図書館の経営評価：パフォーマンス指標による新たな図書館評価の可能性』（共著）（勉誠出版）

阪田蓉子（さかた・ようこ）

- 1939　大阪府大阪市に生まれる
- 1961　国際基督教大学教養学部人文科学科卒業
- 1976　東京大学大学院教育学研究科教育行政専攻修士課程修了
- 1961以降　大阪市立此花中学校教諭，国際基督教大学図書館，梅花女子大学文学部専任講師，助教授，教授を経て，元明治大学文学部教授
- 主著　『情報サービス論』補訂版（編著）（教育史料出版会）ほか利用サービス関係論文など多数
- 制作　ライブラリービデオシリーズ「図書館の達人―司書実務編」（共同制作，1995，1996，1998）（紀伊國屋書店）

新・図書館学シリーズ 3

改訂 図書館サービス論

平成11年10月 8 日　初版発行
平成15年 2 月25日　第 5 刷
平成23年 2 月24日　改訂第 6 刷

著者ⓒ	高　山　正　也	
	池　内　　　淳	
	斎　藤　泰　則	
	阪　田　蓉　子	
検印廃止	宮　部　頼　子	
発行者	大　塚　栄　一	
発行所	株式会社 **樹村房** JUSONBO	

〒112-0002　東京都文京区小石川5丁目11番7号
　電　話　東　京 (03) 3868-7321代
　Ｆ Ａ Ｘ　東　京 (03) 6801-5202
　　　　　http://www.jusonbo.co.jp/
　振替口座　00190-3-93169

製版印刷・亜細亜印刷／製本・常川製本

ISBN 978-4-88367-082-6
乱丁・落丁本はお取り換えいたします。

― 樹村房 ―

高山正也　
植松貞夫　監修　**新・図書館学シリーズ**

＊は編集責任者　　（A5判）

1 改訂 図書館概論	＊植松　貞夫　志保田　務　寺田　光孝　永田　治樹　薬袋　秀樹　森山　光良		1,995円（税込）
2 改訂 図書館経営論	＊高山　正也　加藤　修子　岸田　和明　田窪　直規　村田　文生		1,995円（税込）
3 改訂 図書館サービス論	＊高山　正也　池内　淳　斎藤　泰則　阪田　蓉子　宮部　頼子		1,995円（税込）
4 改訂 情報サービス概説	＊渋谷　嘉彦　大庭　一郎　杉江　典子　梁瀬　三千代		1,995円（税込）
5 改訂 レファレンスサービス演習	＊木本　幸子　原田　智子　堀込　静香　三浦　敬子		1,995円（税込）
6 三訂 情報検索演習	＊原田　智子　江草　由佳　小山　憲司　澤井　清		1,995円（税込）
7 改訂 図書館資料論	＊平野　英俊　岸　美雪　岸田　和明　村上　篤太郎		1,995円（税込）
8 改訂 専門資料論	＊戸田　光昭　金　容媛　澤井　清　玉手　匡子　仁上　幸治		1,995円（税込）
9 三訂 資料組織概説	＊田窪　直規　岡田　靖　小林　康隆　村上　泰子　山崎　久道　渡邊　隆弘		1,995円（税込）
10 三訂 資料組織演習	＊岡田　靖　榎本　裕希子　菅原　春雄　野崎　昭雄　渡部　満彦		1,995円（税込）
11 改訂 児童サービス論	＊中多　泰子　汐﨑　順子　宍戸　寛		1,995円（税込）
12 図書及び図書館史	＊寺田　光孝　加藤　三郎　村越　貴代美		1,995円（税込）
資料分類法及び演習 第二版	＊今　まど子　西田　俊子		1,995円（税込）
司書・学芸員をめざす人への 生涯学習概論	＊大堀　哲　高山　正也　中村　正之　西川　万文　村田　文生		1,995円（税込）
生涯学習・社会教育概論	稲生　勁吾　編著		1,890円（税込）
図書館学基礎資料　第十版	今　まど子　編著		1,050円（税込）
改訂 視聴覚メディアと教育	佐賀　啓男　編著		1,995円（税込）